여성들의 종교개혁

여성들의 종교개혁

레베카 밴두드워드 지음 | 이제롬 옮김

지평서원

차례

전쟁과 가난을 겪고,

피난 생활을 하고,

고아를 키우며 아이들을 가르치고,

감옥에 갇힌 자들을 찾아가 죽어 가는 자들을 돌보고,

궁핍한 자들에게 아낌없이 베풀고,

성도들의 발을 씻기고,

신앙의 개혁을 위해 기도한

나의 어머니와 할머니들께

이 책을 바칩니다!

"우리는,

창조되고 믿음으로 거듭난 사람이 나태하게 살아서는 안 되며

끊임없이 선하고도 유익한 일들을 해야 함을 안다.

왜냐하면 복음서에서 주님께서

좋은 나무는 좋은 열매를 맺는다고 말씀하시며(마 12:33 참고),

또한 사람이 내 안에 거하면 많은 열매를 맺는다고

말씀하시기 때문이다(요 15:5 참고)."

_제2 스위스 신앙고백서(1566)

들어가는 말

루터에게 그의 아내 카타리나(Katharina)가 없었더라면 어땠을까? 훗날 그가 어느 편지에서 묘사한 것처럼, 일에 지쳐 무거워진 걸음으로 돌아와 썩은 냄새 나는 이불 속에서 힘없이 홀로 잠들었을 것이다.[1] 아내가 있었기에 그는 힘과 용기를 얻었고, 깨끗하게 살 수 있었다. 또한 사람들과 더 좋은 관계를 맺을 수 있었고, 건강을 지킬 수 있었으며, 자신의 글에 대한 의견을 얻을 수 있었고, 가정에서 즐거움을 누릴 수 있었다. 카타리나는 종교개혁이 힘 있게 이루어지게 하는 촉진제 역할을 한 셈이다.

교회사에서 여성은 없어서는 안 될 역할을 해 왔다. 사라와 에스더와 드보라, 그리고 신약에 등장하는 여러 명의 마리아들이 성경의 역사에 기여

1) 루터는 항상 일이 바빠서 이불이 깨끗한지에는 그다지 신경 쓰지 않았다. 그래서 이불 한 채를 "땀에 절은 악취"가 날 때까지 빨지 않은 채로 1년 넘게 사용하기도 했다. Roland Bainton, *Here I Stand* (New York: Abingdon Press, 1950), 290에서 인용.

했던 것처럼, 개혁 교회 안에도 위대한 역사를 일구어 낸 여성들이 있었다. 한 역사가는 "참된 기독교가 일어난 곳마다 초기에 자발적으로 그것을 반가이 받아들인 사람들은 여성이었다"라고 말했다.[2] 신약성경에서 볼 수 있듯이, 먼저 믿음을 가지고 헌신하여 섬긴 사람들도 대부분 여성이었다. 이 사실은 역사 안에서 거듭 증명된다.

이 책에 나오는 왕녀들 중 잔 달브레(Jeanne d'Albret)는 이렇게 기록하였다. "내가 여성이라는 사실을 변호하려고 했다면, 수없이 많은 예를 들 수 있었을 것이다." 그녀는 여성의 역할을 무시하거나 폄하하는 사람들의 무지함이 그저 안쓰러울 뿐이라고 못 박았다.[3]

성경적인 기독교는 여성의 가치와 그들이 그리스도의 교회와 사회에 기여하는 바를 높이 산다. 이 책에서 다루는 여성들의 이야기를 알게 되면, 교회의 역사는 물론 수많은 영역에서 여성들에게 잠재되어 있는 유익들을 훨씬 깊이 이해할 수 있으리라고 확신한다.

오늘날의 교회는 이 여성들을 살펴보고, 그들을 본받아야 한다. 그 주된 이유로 다음 세 가지를 들 수 있다.

첫째, 여성은 세상 인구의 절반 정도를 차지하며, 16세기 유럽의 개신교 신자들의 숫자를 보더라도 그러하다. 당시 여성들은 그저 방에 앉아 남편이 무언가를 하기만을 기다리지 않았다. 그들은 책을 읽고 쓰기도 했으며,

---

2) Caroline Bowles, *Olympia Morata: Her Times, Life, and Writings, Arranged from Contemporary and Other Authorities* (London: Smith, Elder and Co., 1834), xiii.

3) Nancy Lyman Roelker, *Queen of Navarre: Jeanne d'Albret, 1528-1572* (Cambridge, Mass.: Harvard University Press, 1968), 421에서 인용.

지도자로서 일하기도 했다. 아이들을 가르치고, 피난민들을 보호하며, 남편의 일과 조화롭게 활동했다. 또는 군대를 이끌기도 했고, 왕에게 맞서기도 했으며, 이단들을 꾸짖기도 했다.

그러므로 종교개혁의 역사를 남성에게만 초점을 맞추어 연구하는 것은 우리 스스로를 반쪽짜리 역사에 가두는 일이다. 비록 전부 알지는 못하더라도, 여성들이 했던 일과 그들의 영향력을 어느 정도 올바르게 이해하지 않고서는 당시에 일어났던 하나님의 역사를 온전하게 그려 볼 수 없을 것이다.

둘째, 페미니즘 역사가들은 여성의 역사에 관심을 둔다. 시카고 대학 출판부는 이러한 관심을 반영하여 근대 초기 여성들의 작품을 시리즈로 출판했는데, 개신교 여성 몇 명도 거기에 포함되어 있다.[4]

물론 현대 영어로 된 1차 자료를 가지게 되는 것은 참 좋은 일이겠지만, 페미니즘 역사가들은 이 기독교인들을 최초의 페미니스트(protofeminists)로 만들어 가고 있다. 그들은, 이 책에 등장하는 것과 같은 결혼 관계를 종교개혁 당시 널리 퍼져 있던 성경적 상호보완주의(complementarianism)의 단순한 본보기로 표현한다. 그러면서도 남편이 아내의 지적 능력을 존중하는 결혼 생활과 교회가 여성의 재능을 인정하는 것을 종교개혁의 원리에 대한 예외로 제시한다.

이 여성들의 생애와 업적을 그러한 페미니즘으로 재해석하는 것은, 그

4) 1996년에 그런 작품들을 출판하기 시작하였다. 해당 시리즈는 굉장히 다양한 인물들을 다룬다.

들이 기독교인으로서 우리에게 남긴 증언을 훼손하는 일이다. 이 부분에서 교회는 본디 가지고 있던 영향력을 회복해야 한다.

셋째, 종교개혁 시대의 여성을 연구하는 일이 중요한 것은, 교회가 성경적인 여성의 모습을 바르게 이해하고 표현하는 데 어려움을 겪고 있기 때문이다. 교회사 가운데서도 유독 우리가 살고 있는 이 시대가 여성의 역할을 올바로 정립하는 데 어려움을 겪고 있는 듯하다. 교회들과 교단마다 시각이 다르고, 심지어 상호보완주의를 견지하는 집단 안에도 커다란 차이와 논쟁이 있을 수 있다.

그러나 교회는 전에도 이 문제를 다루었던 적이 있다. 종교개혁 당시는 사회적으로 어마어마한 변화(adjustment)가 일어난 시기였다. 왜냐하면 로마 가톨릭의 전통 안에서 여성의 역할이 성경적 기준에서 멀어져 있었기 때문이다. 도망친 수녀들, 신비주의에 빠진 여성들, 로마 가톨릭을 따르는 강력한 여왕들은 실제로 초기 개신교가 맞닥뜨린 문제들이었다.

점차 교회 안에서 여성에 관한 성경적인 이해가 발전해 감에 따라, 개신교 여성들은 자신의 여성성을 십분 발휘하면서 살게 되었다. 우리는 당시에 그들이 다양한 성품과 능력과 신분을 통하여 그리스도와 그분의 교회를 신실하고도 굳건히 섬겼던 모습들을 볼 수 있다. 이러한 원리와 예시들은 오늘날 여성들이 하나님의 말씀이 제시하는 커다란 테두리 안에서 열매를 맺도록 돕는 너무나 귀중한 바탕이다.

이 책은 현대의 복음주의 안에 잘 알려져 있지 않은 여성들의 이야기를 들려준다. 오늘날 많은 여성 기독교인들은 레이디 제인 그레이(Lady Jane

Grey)[5] 같은 인물은 잘 알지만, 루이즈 드 콜리니(Louise de Coligny)에 관해서는 거의 알지 못한다. 이 책의 목표 중 하나는, 우리가 가진 개혁주의 신앙을 형성하는 데 기여했으나 오늘날 잘 알려지지 않은 여성 신자들을 현대 기독교인들에게 소개하는 것이다. 카타리나 루터와 같은 여성의 일대기는 쉽게 접할 수 있지만,[6] 똑같이 영향력 있고도 경건했던 다른 여성들의 일대기를 찾기란 쉽지 않다. 그러나 교회에는 그들의 이야기가 필요하다. 왜냐하면 그 여성들도 구름같이 둘러싼 허다한 증인들의 중요한 구성원이기 때문이다. 우리는 개신교가 생겨나는 중대한 시기를 살았던 여성들에게서 많은 것을 배울 수 있다.

독일과 프랑스와 영국에서 종교개혁과 관련된 여성들을 가장 많이 만날 수 있다. 물론 다른 나라에도 개혁자들이 있었고, 순교한 여성들이 있었다. 예컨대, 스페인에도 로마 가톨릭에서 개신교로 개종한 여성들이 있었다. 그러나 그들이 생을 마친 후에는 그들의 영향력도 사라져 버렸다.[7] 스칸디나비아와 같은 일부 유럽 지역에도 개신교 여왕이나 여성 귀족들이 있었다. 그러나 그들의 생애와 업적이 많이 알려지지 않아서 이 책에 담기

---

5) 역자주 - 레이디 제인 그레이는 16세기 중반 영국의 성공회 신자였으며, 16세에 튜더 왕가의 네 번째 왕의 자리에 올랐다. 그러나 재위한 지 9일 만에 로마 가톨릭을 옹호했던 메리 1세에게 왕위를 빼앗기고 런던탑에서 참수형을 당한다.

6) 카타리나 루터에 관한 훌륭한 전기로 다음의 책이 있다. Ernst Kroker, *The Mother of the Reformation: The Amazing Life and Story of Katharine Luther,* trans. Mark E. DeGarmeaux (St. Louis: Concordia, 2013).

7) 롤런드 베인튼(Roland Bainton)의 저서 *Women of the Reformation: From Spain to Scandinavia* (Minneapolis: Augsburg, 1977)는 우리가 접할 수 있는 종교개혁 시대의 강인한 인물이 별로 없음을, 그리고 우리가 알고 있는 여성들마저도 정보가 매우 부족함을 잘 보여 준다.

에는 충분하지 않다.

영향력 있었던 여성들에 관한 기록은 종교개혁이 강하게 일어나고 칼빈주의의 영향을 받았으며 개신교 교회가 세워진 나라에 가장 많이 남아 있다. 그래서 앞서 말한 세 나라에서 가장 많은 인물을 발견하게 된다.[8] 제인 그레이처럼 영국 종교개혁과 관련된 여성들은 특히 잘 알려져 있으므로, 이 책에서는 영국 여성들 중 캐서린 윌로우비(Katherine Willoughby)만을 다룰 것이다.[9]

이 책에는 귀족이나 왕가의 혈통인 여성들이 많이 등장한다. 남편이 잘 알려지지 않은 사람들은 역사 기록에도 잘 남아 있지 않다. 평민에 비해 귀족이나 왕가의 여성들이 유독 많이 드러나는 것은, 16세기 당시에는 하층민, 그중에서도 여성들의 문맹률이 높았고, 그로 인해 영향력이 낮을 수밖에 없었기 때문이다. 그래서 종교개혁을 도왔지만 자신의 삶을 기록으로 남길 만한 능력이나 시간이 없어서 우리에게 알려지지 않은 여성들도 분명히 있다.

---

8) 네덜란드 종교개혁과 관련된 여성들은 대개 독일이나 프랑스의 왕족들이었다. 그러므로 여기서는 그들이 네덜란드 종교개혁에 기여한 바가 있을지라도 개혁의 직접적인 인물로 다루지 않는다.

9) 제인 그레이의 전기는 다음을 참고하라. Faith Cook, *Lady Jane Grey: Nine Day Queen of England* (Darlington, U.K.: Evangelical Press, 2005). 어떤 복음주의자들은 앤 불린(Anne Boleyn)을 종교개혁과 연관 짓는다. 예컨대, J. H. Merle d'Aubigne, *The Reformation in England* (Edinburgh: Banner of Truth, 1994), 2:191,263을 보라. 비록 앤 불린은 영국이 로마 가톨릭을 떠나게 되는 사건의 중심에 있었고 몇 편의 개신교 문서를 사법 당국에 전하기도 했으나, 그녀가 개종했다는 증거는 거의 없다. 앤은 생애 마지막 시기에 가톨릭 신부에게 고해성사를 하면서 많은 시간을 보냈고, 사형에 처해지기 전에는 미사에도 참석했다. Eric Ives, *The Life and Death of Anne Boleyn* (Oxford: Blackwell Publishing, Ltd., 2004), 353,354,356.

대부분 부유하거나 왕족이었던 이 여성들도 그들의 성품과 국적, 능력, 가족 배경 등에 따라 다양한 부류로 나눌 수 있다. 대다수가 유복하게 태어났으나, 가난한 사람도 있었다. 자라면서 배운 대로 살았던 사람도 있지만, 신앙을 가지게 되면서 이전에 배운 바에 저항한 사람도 있었다. 많은 이들이 매우 복된 결혼 생활을 했으나, 남편 때문에 고생한 사람도 있었고, 미혼으로 산 사람도 있었다. 어떤 이는 나이 들어 노년을 누릴 때까지 살았지만, 어떤 이는 젊은 나이에 생을 마감했다. 그런데 이 여성 신자들은 모두 공통적으로 다음과 같은 특징들을 보인다.

첫째, 그들은 개신교 교회에 헌신하였다. 이것이 그들의 삶에 나타나는 핵심적인 모습이다. 어떤 이들은 칙령을 반포하거나 신학적 문서를 작성하거나 회중을 모아 교회를 세우는 등 매우 직접적으로 공헌하였다. 한편 어떤 이들은 남편을 대신하여 생업에 뛰어들고, 책의 원고를 검토하거나 피난민들을 보호하고 자녀를 가르치는 등 간접적으로 개혁을 도왔다. 어떤 방식으로든 그들은 성경적인 개혁 교회를 세우는 일에 자신의 삶을 헌신하였다.

둘째, 신자와 결혼한 이들은 남편의 일에 헌신했다. 이 책에 등장하는 여성들 중 다수가 종교개혁을 일으키고 진전시킨 남성들의 아내였다. 그들은 아내로서 생계를 책임지며, 남편 혼자 감당할 수 없었던 설교와 목양의 일을 가능하게 해 주었다.

셋째, 그들은 손님을 대접하였다. 그들의 이런 모습은 오늘날 서양 사회에 거의 알려지지 않았다. 고아들과 피난민들과 순회 설교자들과 기타 수

많은 사람들이 그들의 집과 영지로 몰려들었고, 그들에게서 먹을 음식과 입을 옷을 제공받고, 용기를 얻었다. 이 여성들은 자신의 힘과 시간과 돈을 아끼지 않고 넉넉히 베풀었다.

넷째, 이 책에 등장하는 여성들은 자신의 지적인 능력을 청지기적으로 사용하였다. 어려서부터 훌륭한 교육을 받았든 혼자 공부하여 지식을 쌓았든, 그들은 모두 성경과 신학을 배우기 위해 열심히 글을 읽고 토론하며 신학자들과 대화하였다. 이것은 결코 상아탑 속에서 이루어진 일이 아니었다. 오히려 교육은 하나님께서 주신 지성을 사용하여 열매를 더 많이 맺기 위한 수단이었다. 그래서 이 여성들은 어린 동생들과 자녀들, 또는 고아들을 돌보고 가르치기 위해 열심히 공부했다. 그들은 자신이 다음 세대의 정치적, 신학적 지도자를 양성하고 있음을 인지하고, 그에 합당하게 준비되도록 교육했다.

마지막으로, 그들은 용감했다. 일단 올바른 길을 찾으면, 그들은 아무리 두려운 환경 가운데 있더라도 그 길을 따랐다. 성난 군주와 암살자들, 핍박과 추방에 꿋꿋이 맞서는 일을 너무나 당연하게 여겼다. 그중 어떤 이들은 왕녀였지만 아무도 약하거나 고귀한 척하지 않았다. 진정한 여성다움이란 강함이다. 곧 강인함과 기품이야말로 여성만이 가지는 강함이다.

그들의 삶에는 변장한 채로 도주하거나 전쟁을 막아 내고 핍박을 견뎌 내거나 정략결혼에 저항하는 등 비범한 행적들이 두드러진다. 그러나 대부분의 경우, 다른 무엇보다도 그들의 삶에 자리 잡은 신실함이 교회를 세우는 데 가장 중요한 역할을 했다. 그들은 남편을 뒷바라지하고, 아이들을 교육했으며, 성도들을 보살폈다. 그리고 혼자서, 또는 많은 사람들과 함께 성경을 읽었다.

오늘날에는 여성들이 군대를 지휘할 일이 별로 없을 것이다. 그러나 신앙을 가진 여성이라면, 자신의 평범한 일상 가운데 허락하신 환경에 순종하며 신실하게 살아갈 수 있다. 어쩌면 그것이 더욱 힘겹고도 벅찬 소명일 것이다. 이 여성들의 신실한 삶이 가족과 교회와 국가를 변화시키는 본이 되었다. 그러하기에 이 여성들의 이야기는 오늘날 우리에게 가치가 있다.

본래 이 책에 실린 장들은 대부분 빅토리아 여왕 때에 어느 교단의 잡지에 연속으로 실린 기사였다. 그리고 이후에 어느 출판사에서 이 기사들을 모아 '개혁 교회의 유명한 여성들(*Famous Women of the Reformed Church*)' 이라는 제목의 책으로 엮어 출간했다.

저자인 제임스 아이작 굿(James Isaac Good)은 그 책의 서문에서 다음과 같이 자신의 소망을 밝혔다. "개혁주의 신앙을 가진 성도들의 삶을 통해 우리 교회의 여성들이 찬란한 교회의 역사에 더욱 관심을 가지게 되기를 바랍니다. 또한 지금도 충분히 잘하고 있지만, 선교 현장이나 교회의 사명을 실천하는 일에 더욱 자극을 받고 동기를 얻기를 바랍니다."[10)]

이제 오늘날의 교회가 이 놀라운 여성들의 이야기를 쉽게 만날 수 있도록, 굿의 작품을 수정하고 증보하여 출간하게 되었다.[11)] 출처를 밝히지 않

---

10) James Isaac Good의 서문, *Famous Women of the Reformed Church* (n.p.: Sunday School Board of the Reformed Church in the United States, 1901).

11) 이 책은 원작에서 여러 장을 삭제하고 캐서린 윌로우비에 관한 장을 첨가했다. 이는 독자들에게 16세기 당시 중요성에 비해 덜 알려진 인물들을 균형 있게 전하고자 함이다.

은 인용구는 모두 그의 작품에서 가져온 것이다. 이 여성들 중 상당수가 한 번 이상 결혼했기 때문에, 오해의 소지가 없도록 그들이 결혼하기 전에 가지고 있던 이름이나 일반적으로 통용되는 칭호를 장의 제목으로 사용하였다.[12] 각 장에서는 이 책 전체의 주인공이라 할 수 있는 여성 한 명 한 명의 일대기를 그리고 있다. 그 이야기들을 통해, 우리보다 앞서 살다 간 거룩한 여성들에게 더욱 관심을 가지게 되기를 바란다.

이 책이 나오기까지 도움을 준 많은 사람들에게 감사의 마음을 전한다. 나에게 말썽 부리지 말고 다른 책을 하나 더 내 보라고 말씀해 주신 할머니 덕분에 이 일을 시작할 수 있었다. 퓨리턴 리폼드 신학교(Puritan Reformed Theological Seminary)의 로라 래드윅(Laura Ladwig)과 킴 다이커마(Kim Dykema)는 사서로서의 본분을 훨씬 뛰어넘어, 다른 도서관의 책들까지 빌려주는 놀라운 일을 해 주었다. 데이비드 노우(David Noe)는 친절하게도 라틴어를 번역해 주었고, 스테파니 맥도널드(Stephanie MacDonald)는 프랑스어에 관한 질문에 답해 주었다. 토드 레스터(Todd Rester)는 부서와 블라우러가 주고받은 편지들을 영어로 번역해 주었고, 페이지 캠프(Paige Kamp)는 원고를 읽고서 조언하고 비평해 주었다.

---

12) 이 책의 여성들은 대부분 한 번 이상 결혼하였고, 대부분 칭호을 가지고 있었다. 그래서 많은 저자들이 다양한 이름을 사용한다. 예를 들어, 결혼 전의 성이 아르발레스트(Arbaleste)였던 샤를로트(Charlotte)는 드 퓌케(de Feuquères)라는 칭호를 가진 남성과 처음 결혼하고, 그 후에 드 모르네(de Mornay)라는 사람과 재혼하였다. 그런데 1차 자료에서는 종종 두 번째 남편의 칭호인 뒤 플레시(du Plessis)로 불린다. 게다가 상류층 가정의 여성들은 많은 경우 관계가 얽혀 있는데, 그러다 보니 누군가의 결혼 전 이름이 다른 이의 첫 번째 또는 두 번째 남편의 이름이 되기도 하여 더욱 복잡해진다. 이러한 혼란을 피하기 위해 현대 학자들은 보통 결혼 전의 이름으로 여성을 식별하며, 가끔 결혼 후의 이름이나 왕가의 칭호를 하이픈으로 연결해 사용하기도 한다.

나의 부모님과 자매들은 나를 격려하고, 의견을 제시했을 뿐만 아니라, 책을 구상하는 데 도움을 주었다(고마워요, 마리아!). 그리고 나의 아이들은 엄마의 또 다른 책에 따뜻한 관심을 보여 주었다. 그러나 그 누구보다도 남편이 없었다면, 이 책은 완성될 수 없었을 것이다. 바로 남편이 처음에 나에게 굿의 책을 가져다주었으며, 다른 책들과 함께 땅콩 버터 초콜릿을 가져다주었고, 각종 자료들의 출처를 알려 주었으며, 16세기 교회들에 관한 질문에 답해 주었고, 이런저런 이야기를 들어 주면서, 몇 달 동안 저녁으로 피자를 먹어 주었다. 그리하여 이 여성들의 이야기가 더 잘 알려질 수 있도록 해 주었다.

"고마워요, 빌(Bill)!"

여는 글

16세기에 유럽은 변화를 맞았고, 그로 인해 온 세상이 변했다. 신앙적으로 갱신되고 어둠이 걷힌 결과 나타난 변화들은 정치에서부터 설교와 자녀 양육에 이르기까지 삶의 모든 부분에 영향을 미쳤다. 이 책은 이러한 변화가 특정한 여성들의 일상 속에서 어떻게 나타나는지를 중점적으로 살핀다. 그러므로 더 넓은 맥락을 이해할 수 있도록, 주요 사건들과 문서, 그리고 인물들에 관해 간략하게 설명하고자 한다.

독일과 스위스

마르틴 루터(Martin Luther)가 1517년 비텐베르크(Wittenberg) 교회 문에 95개조 반박문을 붙일 당시, 독일은 신성로마제국의 황제인 카를 5세(Karl V)의 통치 아래 있는 여러 개의 제후국과 작은 도시 국가들로 이루어져 있었다. 몇몇 군주들은 로마 가톨릭에서 루터교로 개종하고는 루터교를 자신이 다스리는 지역의 종교로 공인했다. 카를 5세는 평생 로마 가톨릭 신자로 살면서 갓 태어난 개신교를 계속 탄압하다가, 1555년 아우크스부르크 화의(the Peace of Augsburg)에서 루터교를 법적으로 인정했다.

이따금 폭동과 전쟁이 일어나 사회·정치적으로 갈등이 나타났으나, 루터는 필립 멜랑흐톤(Philip Melanchton)이나 마르틴 부서(Martin Bucer) 같은 동역자들과 함께 여러 도시를 다니면서 그리스도의 교회를 가르치고 보호하고 확장하는 일을 멈추지 않았다. 또한 독일의 군주들은 개혁을 위해 비용을 감당했다. 예를 들어, 프리드리히 3세(Friedrich Ⅲ)는 지역의 신학 교수에게 재정을 후원하여 하이델베르크 교리문답(Heidelberg Catechism)을 작성하게 하였다.

독일의 남쪽에 있는 스위스에서는 1519년부터 울리히 츠빙글리(Ulich Zwingli)가 설교하기 시작했다. 루터와 마찬가지로, 츠빙글리도 로마 가톨릭 교회에서 부패와 신학적 오류를 발견했다. 스위스의 여러 주들로 개혁이 퍼져 나가면서 군사 충돌과 전쟁이 일어났고, 그 결과 츠빙글리는 사망하고 말았다. 그리고 그를 대신해 하인리히 불링거(Heinrich Bullinger)가 목회자가 되었다. 불링거는 제2 스위스 신앙고백서(the second Helvetic Confession)를 작성했으며, 유럽 여러 나라의 개혁 교회들이 이것을 교회의 표준문서 중 하나로 삼게 되었다.

프랑스

절대 군주가 다스렸던 프랑스는 종교개혁을 즉각 탄압하였다. 개신교 신앙을 버리지 않는 사람들은 추방되었으며, 심지어 처형되기도 했다. 이때 추방된 사람들 중 하나가 바로 존 칼빈(John Calvin)이다. 칼빈은 신학 저술을 통해 개신교 신앙의 기틀을 다지면서 종교개혁의 거장으로 우뚝 섰다. 당시 칼빈은 종교개혁과 관련된 수많은 여성들과 직접 만나거나 편지를 주고받으면서 그들의 친구가 되었고, 때로는 조언자가 되어 주었다.

프랑스에서는 맏딸이 공주가 된 이후에 개신교로 개종하는 일이 종종 있었으나, 살리카법[1]에 따라 여자는 통치권을 이어받을 수 없었다. 프랑스의 왕들 중에서는 앙리 4세(Henri Ⅳ)만이 유일하게 개신교를 인정하였다. 그러나 이후에 그는 지극히 정치적인 행보로 칼빈주의를 버리고 가톨릭으로 돌아섰고, 그로 인해 개신교도인 그의 자매들은 슬픔에 빠졌다. 앙리 4세는 1598년에 낭트 칙령(the Edict of Nantes)을 발표하여 위그노(Huguenots)라고 불리는 프랑스의 개혁자들에게 종교의 자유를 주었는데, 이것은 당시 교황의 분노를 불러일으켰다. 이 칙령으로 인해 개신교를 처벌하지는 않았으나, 위그노 교회는 일정한 제약을 받았고, 로마 가톨릭이 프랑스의 종교로 공인되었다.

영국(잉글랜드)

헨리 8세(Henry Ⅷ)는 영국에서 종교개혁을 감행할 만한 인물이 아니었

1) 역자주 - 살리카법(Lex salica)은 고대 프랑크족 중 하나인 살리족(Saliens)의 법이다. 그 법에 따르면, 남자만이 유산을 물려받을 수 있었다. 그리고 이에 근거하여 왕가에서도 남성만이 왕위를 물려받을 수 있었다. 그래서 프랑스 역사에는 공식적으로 여왕이 단 한 명도 없다.

다. 그러나 하나님은 권력과 여성과 부를 향한 그의 욕망을 사용하여 그로 하여금 로마 교회와 단절하고 개신교를 영국의 공인 종교로 올려놓도록 역사하셨다. 헨리 8세는 정치적인 수단을 동원하여 절대 왕정을 이루었고, 왕위를 물려줄 아들을 얻고자 하였으며, 영국에 있는 수도원들의 재산을 몰수하였다.

헨리 8세가 죽고 나서 그의 유일한 아들인 에드워드 6세(Edward Ⅵ)가 왕위에 올랐다. 에드워드가 즉위한 지 6년 후 그의 개혁신앙으로 말미암아 영국의 예배 형식이 바뀌게 되었고, 복음주의가 빠르게 퍼져 나갔으며, 나아가 개신교 목사들의 이름이 알려지기 시작했다. 당시 토마스 크랜머(Thomas Cranmer)나 휴 래티머(Hugh Latimer) 같은 주교들은 하나님의 말씀을 중시하는 참된 신자로서 설교와 저작에 힘을 쏟을 수 있었다. 그리하여 당시 영국은 프랑스와 폴란드를 비롯한 유럽 대륙에서 로마 가톨릭의 박해를 피해 찾아온 많은 이들에게 안전한 피난처가 되었다.

에드워드가 어린 나이에 세상을 떠난 후, 헨리 8세의 종손녀이자 복음주의 신앙을 가지고 있었던 레이디 제인 그레이가 그 뒤를 이어 단 9일간 여왕의 자리에 앉았다. 그러나 로마 가톨릭 신자였던 헨리 8세의 딸 메리(Mary)가 영국을 다시 중세 로마 가톨릭으로 되돌려 놓았다. 그녀는 수많은 개신교도들을 처형한 까닭에 피의 메리(Bloody Mary)라고 불렸다. 몇 년 후에는 메리가 죽고, 그녀의 이복동생인 엘리자베스 1세(Elizabeth I)가 왕위에 올랐다. 그녀는 오랜 기간 종교 중용 정책을 펼침으로써 이 박해에 종지부를 찍었다.

스페인과 네덜란드

16세기의 스페인은 부강한 로마 가톨릭 국가였으며, 점점 커져 가는 제국의 힘으로 미약한 개신교를 억압했다. 루터가 활동을 시작하기 몇 년 전에 스페인은 비로소 이슬람을 나라 밖으로 쫓아내는 데 성공하였다. 그리고 이제 새롭게 태동하는 '이단,' 즉 개신교를 똑같이 몰아내고자 하였다. 이를 위해 정략결혼을 하거나 조약을 맺는 등 정치적인 수단을 사용하여 권력의 균형을 유지하기도 했고, 군사적으로 대치하거나 어느 지역을 점령함으로써 개혁의 움직임을 저지하려 하기도 했다. 종교 재판은 그들이 자신의 영토 안에서 항상 사용하던 방법이었다. 그들은 보수적인 로마 가톨릭에 맞지 않는 모든 것을 짓밟기 위해 협박과 고문, 처형 등의 방법을 동원했다.

네덜란드는 스페인에 점령당한 지역이었다. 피의 메리의 남편이자 카를 5세의 아들인 스페인의 펠리페 2세(Felipe II)는 저지대 국가[2]들이 개신교로 돌아서자 이들을 거세게 억압했다. 그는 높은 세금을 부과하고 공개적으로 처형함으로써, 스페인의 통치에 저항하는 네덜란드를 진압하려고 했다. 네덜란드의 신학자였던 귀도 드 브레(Guido de Bres)는 스페인 사람들에게 개신교 신앙을 해명하기 위해 벨직 신앙고백서(Belgic Confession)를 작성하였으나, 결국 스페인의 폭정 아래에서 순교하고 말았다.

그러나 이 시기에 많은 일들이 그러했듯이, 하나님은 로마 가톨릭의 큰

---

2) 역자주 - 저지대 국가(Low Countries)란 스헬데강, 라인강, 뫼즈강의 낮은 삼각주 지대 주변의 지역 일대를 말한다. 오늘날의 벨기에, 네덜란드, 룩셈부르크 등이 여기에 속한다.

계획들을 역으로 사용하셨다.

카를 5세는 가톨릭 신자였던 침묵공 빌럼(William the Silent, 빌럼 판 오라녀[Willem van Oranje])을 네덜란드 총독의 자리에 앉혔다. 그러나 그는 로마 가톨릭의 잔혹한 행위들을 보면서 스페인의 지위에 의문을 가지게 되었고, 결국 1580년경에 칼빈주의로 개종하여 스페인의 점령에 공개적으로 반대 입장을 표명하였다. 그 이후 빌럼은 전쟁 중에 암살되었으나, 그의 아들 마우리츠(Maurits)가 계속 싸워 결국 네덜란드의 위대한 독립을 이루어 냈다. 마우리츠가 재위하는 기간에 알미니안주의가 등장하였으며, 이로 인하여 야기된 신학적 논쟁을 다루고자 도르트레흐트(Dordrecht)에서 총회가 열렸다. 유럽의 많은 대륙 교회들은 이 총회에서 만들어진 문서인 도르트 신경(Canon of Dort)을 벨직 신앙고백서, 하이델베르크 교리문답과 더불어 표준 신앙고백문서로 채택하였다.

결론

유럽의 종교개혁은 쉽게 일어난 일이 아니다. 주님은 작고 힘없는 믿음의 사람들을 사용하여 어둠 가운데 행하는 수많은 사람들을 구원하셨다. 이들은 많은 저항에 부딪히고 많은 것을 잃었다. 그러나 주님은 이들에게 양 떼를 사랑하는 목자들을 주셨고, 국경을 넘어 믿음으로 교제하게 하셨으며, 모국어로 하나님의 말씀을 읽게 하셨다. 때로는 개신교 신앙 안에서도 신학적 차이로 인해 회중이나 나라가 서로 갈라서거나 관계를 끊는 일이 생겼으나, 성경의 진리로 한 대륙이 변화되는 일을 막을 수는 없었다.

1

안나 라인하르트

(Anna Reinhard)

취리히(Zürich)는 스위스 어느 호수의 머리맡에, 북쪽으로 흐르는 강을 가운데 낀 채 자리 잡고 있다. 1518년에 취리히는 프랑스, 이탈리아 등 이웃 국가와 계속된 전쟁을 끝내고 로마 가톨릭의 경제 수도 역할을 하는 주(canton)였다. 바로 그해에 울리히 츠빙글리가 취리히에 도착해 대성당의 사제로 일하기 시작했다. 훗날 남편이 될 그가 그 지역에 새로운 사제로 부임할 당시, 안나 라인하르트는 칼빈의 아내인 이들레트(Idelette)처럼 경건한 과부로 살고 있었다. 그녀의 집은 취리히 교구 사제의 숙소에서 그리 멀지 않았다.

안나가 태어난 해를 정확히 알 수는 없지만, 1484년경으로 추정된다. 그녀의 아버지는 중산층 지주였다. 안나의 유년 시절에 관해 알려진 사실은, 그녀의 외모가 빼어났고 동네 청년인 요한 폰 크노나우(John von Knonau)가 그녀와 결혼하고자 했다는 것뿐이다. 그러나 요한의 아버지는 다른 신붓감을 선택했다. 폰 크노나우 가문은 취리히에서 가장 오래되고도 유력한 집안으로, 요한의 아버지는 가문의 명예를 중시하였고, 그의 아들이 자신의 귀족 계급을 유지해 가기를 원했다. 그래서 아들 요한을 콘스탄츠(Konstanz) 주교의 궁정으로 보내 교육을 받도록 했다. 그리고 요한이 그곳에 가 있는 동안, 그의 아버지는 오스트리아의 귀족 가문에서 며느리를 택했다. 그러나 요한은 다른 나라의 귀공녀가 아니라 스위스의 평민을 아내로 맞이하기로 이미 마음먹었다.

요한과 안나는 1504년에 취리히의 한 마을 교회당에서 비밀리에 결혼했다. 요한의 아버지는 이 사실을 알고 크게 노하여 아들을 집에 들이지 않았고, 그의 상속권을 박탈해 버렸다. 이제 안나의 남편은 스스로 생계를 꾸려 가야만 했다. 1511년에 요한은 아버지의 방해를 뚫고 시의원으로 선출되었으며, 이후 가족의 생계를 위해 스위스 군대의 기수가 되어 이탈리아로 가 프랑스와의 전쟁에 참여했다. 수차례 전투를 치르고 나서 고향으로 돌아온 그는 건강이 매우 나빠졌으며, 얼마 지나지 않아 안나를 남겨 두고 세상을 떠났다. 둘 사이에는 아들 하나와 딸 둘이 있었는데, 딸 하나는 젖을 떼기도 전에 죽고 말았다.

안나와 츠빙글리를 이어 준 것은 그녀와 요한 사이에 태어난 아들 게롤트(Gerold)였다. 츠빙글리가 취리히에 도착한 1518년 후반에, 안나는 소득이 적어서 가족을 뒷바라지하고 교육하는 데 어려움을 겪고 있었다. 츠빙글리가 설교 사역을 처음 시작할 때부터 안나는 그의 설교를 아주 주의

깊게 들었다. 그녀의 집이 츠빙글리의 교구에 속해 있었기에, 츠빙글리는 교구의 목회자로서 그녀와 만나게 되었다. 곧바로 그는 안나의 어려운 형편과 기독교인으로서의 품위를 보았으며, 특히 게롤트가 그의 눈길을 끌었다. 츠빙글리는 그 소년의 재능을 즉시 꿰뚫어 보았다. 그래서 그는 게롤트에게 따로 그리스어와 라틴어를 가르쳤다. 그리고 열한 살에 더 높은 수준의 교육이 필요하게 되자, 게롤트를 스위스 문학의 중심지인 바젤(Basel)로 보냈다. 그 소년이 얼마나 영민하였는지, 바젤에서 그를 가르쳤던 선생은 츠빙글리에게 편지하여, "이런 소년이 더 있으면 나에게 보내 주시오" 라고 말했다.

그러나 자만심 때문이었는지, 아니면 또 다른 유혹에 빠졌기 때문이었는지, 게롤트는 나쁜 친구들을 사귀어 방탕하게 살고 말았다. 그래서 1523년에 츠빙글리는 게롤트를 위해 '귀족 청년을 교육하기 위한 지침(*Directions for the Education of a Young Nobleman*)'이라는 책을 써서 그에게 헌정하여, 성경의 윤리를 회복하고 기독교인으로서 살아갈 것을 촉구하였다. 다행히도 이 호소가 소년의 마음을 움직였는지, 게롤트는 마음을 돌려 새로운 삶을 살기 시작했다. 총명하고 전도유망한 이 청년은 어린 나이에도 매우 빠르게 취리히 시에서 가장 높은 자리에까지 올랐다. 열여덟 살에 시의회 의원이 되었고, 스물한 살에 시의회 의장이 된 것이다.

이와 같이 츠빙글리가 아버지처럼 게롤트를 돌보는 과정에 그의 어머니와 결혼하게 되는 길이 열렸다. 그는 게롤트를 걱정하는 안나의 마음을 헤아리면서 점점 더 그녀를 생각하였고, 결국 그녀와 사랑에 빠졌다.

그러나 결혼으로 가는 길은 순탄하지 않았다. 사제들은 결혼할 수 없었기 때문이다.[1] 두 사람은 다른 이들이 자기들의 결혼을 반대할까 봐 두려워했고, 그로 인해 츠빙글리의 사역에 해가 될까 봐 염려했다. 결국 안나는 이번에도 비밀리에 츠빙글리와 결혼식을 올렸고, 츠빙글리는 1524년까지 가장 가까운 친구들 외에는 아무에게도 이 사실을 알리지 않았다.

이 결혼 소식은 취리히를 넘어 엄청난 파장을 일으켰다. 츠빙글리는 결혼한 최초의 개혁자가 되었다. 로마 가톨릭은 츠빙글리가 자신의 선서를 깨고 안나의 미모와 돈을 보고서 결혼했다고 그를 비난했다. 이에 츠빙글리는 안나에게 400길더(guilder)[2]조차도 없다고 대답했다. 안나의 미모는 어느 정도 영향을 미쳤는지도 모르겠다. 그가 이에 관해서는 직접적으로 반박하지 않았기 때문이다.

결혼한 이후 안나는 장신구를 착용하지 않았는데, 왜인지는 알 수 없다. 허영심을 물리치려는 개인적인 노력이었을 수도 있고, 가족의 살림살이에 도움이 되리라 판단하여 그리했을 수도 있다. 어쩌면 새로운 일상이 분주하여 다른 것에 신경 쓸 여유가 없었는지도 모른다. 그녀는 저명한 개혁자의 아내로서 도시의 가난한 자들을 돌보고, 병든 자들을 찾아다니고, 아이를 낳아 기르고, 많은 사람들을 집으로 불러 대접하기도 했기 때문이다.

---

1) 1522년 7월 2일에 츠빙글리는 사제들이 결혼할 수 있도록 허락해 달라고 요청하는 편지를 써 콘스탄츠의 주교에게 보냈다. Ulrich Zwingli, *The Latin Works and the Correspondence of Huldreich Zwingli Together with Selections from His German Works* (New York: G. P. Putnam's Sons, 1912), 1:150.

2) 역자주 - 길더는 네덜란드어 gulden의 영어식 표현이며, 네덜란드어로는 '휠던'에 가깝게 읽는다. 2017년 말 기준으로 400길더는 원화로 24만원 정도 된다. 2002년에 유로화로 대체된 이후 이 화폐 단위는 더 이상 사용되지 않는다.

남편이 교구의 영혼들을 돌볼 때, 그녀는 물질적으로 어려운 사람들을 돕기 위해 힘썼다.

안나는 교구 사람들보다도 남편을 훨씬 더 정성껏 돌보았다. 츠빙글리는 그녀를 사랑하는 아내이자 자신의 사역에 큰 도움을 주는 조력자로 칭했다. 츠빙글리 역시 좋은 아버지였으며, 그의 아이들은 아버지의 바이올린 연주를 좋아했다.[3] 츠빙글리가 일에 너무 몰두한 나머지 새벽같이 일어나 밤늦게까지 일하면, 안나는 그의 소매를 당기면서 이렇게 속삭였다. "여보, 조금 더 쉬세요."

안나는 츠빙글리에게서 전에는 잘 이해하지 못했던 그리스도의 성품에 관해 듣는 것을 매우 좋아했다. 1525년에 츠빙글리가 취리히의 다른 목회자들과 함께 성경을 번역하기 시작했을 때, 그는 매일 밤 잠자리에 들기 전에 안나에게 교정본을 읽어 주었다.[4] 안나는 모국어로 복음서 이야기를 듣는 것을 무척 좋아했다. 1529년에 번역이 마무리되어 성경책이 출판되자, 츠빙글리는 안나에게 한 권을 주었고, 그것은 안나가 가장 사랑하는 책이 되었다. 그녀는 교회의 모든 가정이 이 성경책을 한 권씩 꼭 가질 수 있도록 애썼다.

츠빙글리가 안나에게 보낸 편지 한 통이 남아 있다. 1528년에 안나가 홀로 출산했을 때 그가 베른(Bern)에서 쓴 편지이다. 거기서 그는 아들을 주

---

3) Roland Bainton, *Women of the Reformation in Germany and Italy* (Minneapolis, Minn.: Augsburg, 1971), 162.

4) 이 번역 성경은 루터가 1534년에 성경 전체를 번역하기 몇 년 전에 완성되었다. 안나와 마찬가지로, 카타리나도 집안일을 마치고 나면 매일 밤 교정본을 듣거나 읽곤 했다.

신 하나님께 감사하며, 부모가 함께 아이를 잘 교육할 수 있게 해 달라고 기도했다. 또한 안나에게 자신의 안전을 걱정하지 말라고 당부했고, 친구들에게도 안부를 전했다.

안나는 남편의 친구들과 그를 찾아온 손님들을 극진히 대접했다. 당시에는 개신교 피난민들이 많았는데, 츠빙글리의 집은 언제나 그들에게 열려 있었다. 츠빙글리가 집에 있든 없든, 그 집의 중심은 언제나 안나였다. 당시의 지도층 시민들이나 레오 쥬다(Leo Juda)와 콘라트 펠리칸(Konrad Pellikan) 같은 목회자들은 그녀를 대단히 칭송했다. 1526년에는 슐레지엔(Schlesien) 북부의 고위 관리가 그 집을 방문하였는데, 그는 츠빙글리의 가정에서 너무나 감동을 받아 그 환대를 절대 잊지 않겠다고 공언하였고, 안나를 가리켜 천사 같은 아내라고 칭했다.

그러나 그들의 결혼 생활에는 칭송뿐만 아니라 걱정도 따랐다. 츠빙글리는 끊임없이 로마 가톨릭에 의해 암살되거나 납치를 당할 위험 속에서 살았고, 안나에게 이것은 커다란 걱정거리였다. 그는 해가 진 후에는 혼자 밖에 나갈 수 없었고, 독살에 대한 두려움 때문에 아무데서나 음식을 먹고 마실 수도 없었다. 안나는 위험을 감지할 때면 도움을 청했다. 남편이 밤에 나갈 일이 있을 때면 안나는 남편과 동행할 사람을 불렀고, 그가 밤늦게까지 누군가를 만나고 있을 때면 친구들에게 집까지 바래다 달라고 부탁했다. 안나는 언제나 그의 곁에 있었고, 위험이 가까이 오면 그를 위해 무슨 일이든 하려고 했다. 그래서 그를 살해하려는 시도가 여러 차례 좌절되기도 했다.

1525년 8월 28일 밤, 누군가가 이들의 집에 돌을 던졌고, 그 돌과 함께 나뭇조각들이 집 안으로 날아들었다. 츠빙글리는 겁에 질린 안나와 아이들을 진정시키고 칼을 집어 들었다. 그러고는 이렇게 외쳤다. "누구든 나와 해결할 일이 있으면 내일 아침에 오시오!"

이 모든 일들은 안나에게 다가올 슬픔을 예고하고 있었다. 그녀는 남편에게 폭풍이 몰려오고 있다는 것을 알았다. 그리고 1531년 10월 11일에 일이 터지고 말았다. 10월 9일, 로마 가톨릭 군대가 다가오고 있다는 소식이 전해졌다. 개신교도들도 신속하게 취리히에 소규모의 군대를 모았다. 츠빙글리는 군목으로 그들과 함께했고, 게롤트도 동참했다. 군인들은 교구사제의 숙소 앞 광장에 집결해 출정을 준비했고, 안나는 남편에게 작별 인사를 하기 위해 나왔다. 감정을 억누를 수 없었던 그녀는 눈물을 터뜨렸고, 아이들도 아버지에게 매달려 울었다. 그러자 츠빙글리가 안나에게 말했다. "우리를 갈라놓을 시간이 다가왔소. 받아들입시다. 그것이 주님의 뜻이라면 말이오."

그가 아내를 감싸안자, 안나는 대답했다. "주님의 뜻이라면 다시 만나겠지요. 그분의 뜻대로 될 테니까요. 그러면 돌아오실 때 무엇을 가져오시겠어요?" 츠빙글리는 망설임 없이 대답했다. "어둔 밤이 지나면 복을 가져오리다." 이것이 츠빙글리가 안나에게 남긴 마지막 말이다. 이 말은 평생 그녀에게 위로가 되었다. 그녀는 이 땅의 어둔 밤이 지나고 밝은 하늘에서 남편을 다시 만날 때에 그 복이 함께하리라는 것을 믿었다.

츠빙글리는 아이들을 안아 준 뒤 떠났다. 군인들과 게롤트와 함께 말에 올라 모퉁이를 돌면서 그는 뒤를 돌아보았고, 안나는 마지막으로 손을 흔들었다. 그녀는 아이들과 함께 서둘러 집으로 돌아와 무릎을 꿇고는 주께서 하신 기도를 되뇌었다. "아버지여, 나의 원대로 마시옵고 아버지의 원대로 하옵소서." 그러고는 위로를 얻고서 자리를 털고 일어나 전투 결과가 들려오기를 기다렸다.

츠빙글리의 뒤를 이은 하인리히 불링거는, 처참한 패배의 소식이 전해지자 취리히에 비통한 애곡이 가득 찼다고 증언한다. 그러나 누구보다도 안나의 슬픔은 그 깊이를 헤아릴 수 없었다. 이전에도 슬픔을 많이 겪었으나 이때와는 비교할 수가 없었다.

전투에서 패배하고 츠빙글리가 사망했다는 소식이 처음 전해졌을 때, 그녀의 친구들은 슬픔을 덜기 위해 자세한 내용을 감추었다. 남편과 함께 아들 게롤트, 그녀의 형제와 사촌 한 명이 전장의 이슬로 사라졌고, 사위는 심각한 부상을 입었다. 사망의 비통한 슬픔이 그녀를 에워쌌다. 곧이어 남편의 시체를 네 조각으로 잘라 불태웠고, 그 재마저 더럽혀졌다는 소식이 전해졌다. 이보다 더 큰 슬픔이 있을까? 그러나 선지자는 더 큰 슬픔에 대해 말한다.

"나의 고통과 같은 고통이 있는가 볼지어다"(애 1:12).

안나는 자신의 슬픔을 안고서 구원자께로 나아갔고, 주님은 그녀를 위로하셨다.

그녀가 겪은 큰 슬픔이 전해지자, 사람들은 그녀를 종교개혁이 낳은 애통의 어머니라고 불렀다. 너무나 많은 것을 잃어버린 안나는 한없이 눈물을 흘렸다. 저명한 인사들과 목회자들이 그녀를 방문하거나 기독교인으로서 위로하는 편지를 보냈으며, 부서는 그녀와 그녀의 아이들을 돕겠다고 제안했다.

그중에서도 젊은 불링거는 그녀에게 가장 큰 위로가 되었다. 사도 요한이 마리아를 자기 집으로 모셨던 것처럼, 불링거와 그의 아내는 안나에게 집을 내주고 사랑하는 자녀가 되어 주었다. 츠빙글리는 가족에게 재산을 단 한 푼도 남기지 않았다. 할 수 있는 대로 모든 것을 가난한 자들에게 베풀었기 때문이다. 그래서 불링거는 츠빙글리를 대신해 안나의 아들처럼 그녀를 보살피면서 이렇게 말했다. "사랑하는 어머니, 이제 부족함이 없을 거예요. 제가 당신에게 친구와 선생과 조언자가 되어 드릴게요." 또한 그는 마치 아버지처럼 츠빙글리의 자녀들을 대했다. 아이들을 교육하고, 자기가 비용을 대 어린 울리히(Ulrich)를 바젤로 보내 교육받게 했다.

안나의 삶의 마지막 무렵에 대해서는 거의 알려져 있지 않다. 츠빙글리가 죽은 이후, 그녀는 교회에 갈 때를 제외하면 거의 집 밖으로 나가지 않았던 것 같다. 노년에는 건강이 나빠져서 오랫동안 병을 앓았지만, 그 모든 고통을 견뎌 냈다.

불링거는 1538년 12월 6일의 그녀의 죽음을 이렇게 회고했다. "이보다 더 행복한 임종은 없을 것이다. 어머니는 마치 한 줄기 빛처럼 조용히 숨을 거두셨다. 주님을 경배하며, 그리고 우리 모두를 하나님의 손에 맡겨 드리며, 그렇게 주님의 품으로 가셨다."

안나의 큰 딸인 레굴라(Regula)는 어머니의 아름다움과 부모의 경건을 물려받았다. 그녀는 불링거의 집에서 루돌프 괄터(Rudolph Gualther)와 함께 자랐는데, 훗날 이 둘은 결혼을 한다. 그리고 루돌프는 불링거의 뒤를 이어 취리히 교회를 이끌게 된다.[5] 레굴라의 가정은 메리 여왕이 박해하던 시절에 영국을 떠나 스위스로 옮겨 온 많은 피난민들을 반가이 맞았다. 그 중에는 훗날 캔터베리(Canterbury)의 대주교가 된 사람도 있었다.

레굴라가 세상을 떠난 뒤, 그녀의 남편은 이런 글을 남겼다. "지금 나는, 믿음의 아버지 아브라함이 사랑하는 사라를 떠나보내고 야곱이 사랑스런 라헬을 잃었을 때만큼이나 슬프오. 지고지순한 사랑의 본이요, 누구도 해할 수 없는 부부의 신의를 가장 온전히 지키면서 아내의 덕목에 충실했던 여인이여, 그대는 내 영혼의 모든 슬픔과 고통을 몰아내 주었소."

안나는 츠빙글리를 뒷바라지하고 그의 일을 도왔으며, 그 지역의 가난한 자와 병든 자들을 돌보았다. 그러나 안나가 남긴 유산은 이 모든 것을 뛰어넘어 그녀의 자녀들에게까지 생생하게 전해졌고, 그들은 어머니의 본을 따라 성도들에게 친절을 베풂으로써 교회를 세워 나갔다. 죽음도 안나의 이 신실한 노력을 막을 수 없었다.

---

5) 불링거는 일기장에서 레굴라에 관해 몇 차례 언급한다. 예컨대, 그녀가 딸을 출산한 이야기 등을 기록하였다. Heinrich Bullinger, *Heinrich Bullinger Diarium (Annales vitae) der Jahre 1504-1574* (Zurich: Theologische Buchhandlung Zürich, 1985), 61.

2

안나 아들리슈바일러

(Anna Adlischweiler)

유럽에서는 많은 소녀들이 수녀원에 맡겨졌는데, 안나 아들리슈바일러도 어려운 가정 형편 때문에 수녀원에 보내졌다. 그러나 이 소녀를 향한 하나님의 계획은 고립되어 순결을 지키는 삶이 아니었다.

그녀가 태어난 해에 관해서는 의견이 서로 다르지만, 대략 1504년 즈음인 것으로 보인다. 그녀가 여덟 살이 되던 해에 그녀의 아버지는 전쟁에 나가 사망했고, 그녀에게는 약간의 유산이 남겨졌다.[1] 로마 가톨릭 신자였던 어머니는 안나를 교회에 바쳐 취리히에 있는 오텐바흐(Ottenbach) 수녀원으로 보냈고, 거기서 그녀는 수녀가 되었다. 당시만 해도 이것은 딸의 양육비를 해결하는, 아주 흔하고도 제법 그럴듯한 방법이었다. 어머니의

1) Rebecca A. Giselbrecht, "Myths and Reality about Heinrich Bullinger's Wife Anna," *Zwingliana* 38 (2011): 55.

건강이 좋지 않았고 당시에는 수녀원이 병원의 역할도 감당하고 있었기에, 안나는 어머니와 함께 수녀원에 들어갔다. 안나가 이토록 커다란 삶의 변화를 어떻게 생각했는지 알 길은 없지만, 적어도 수녀원에서 생활하는 것은 틀에 박힌 지루한 일이었을 것이다.

이 모녀가 수녀원에서 조용하게 살고 있을 때, 밖에서는 심상치 않은 일들이 일어나고 있었다. 종교개혁이 일어난 것이다. 츠빙글리의 설교가 온 마을을 휩쓸었고, 복음이 모든 교회에 선포되었다. 단 한 곳, 바로 오텐바흐 수녀원을 제외하고 말이다. 그러나 취리히 시의회는 수녀들에게도 복음이 전해지기를 원했다. 그래서 1522년에 츠빙글리를 그곳에 보내 설교하게 하였다. 츠빙글리는 기쁜 마음으로 그 요구를 받아들였고, 하나님의 말씀을 명확하고도 분명하게 증언했다.

하나님의 말씀은 두 가지 결과를 낳았다. 어떤 수녀들은 마음을 돌이켰으나, 어떤 이들의 마음은 완악해졌다. 급기야 수녀원 안에서 격렬한 논쟁이 일어났다. 결국 시의회는 수녀들의 영적인 길잡이 역할을 했던 도미니크회 수도승들의 출입을 금지시켰고, 츠빙글리와 레오 쥬다가 그들을 영적으로 보살피게 되었다. 수도승들과 몇몇 수녀들이 항의했지만, 아무 소용이 없었다.

시의회는 누구든지 수녀원을 떠나고 싶으면 자신의 옷가지와 소지품을 챙겨 떠나도 좋다고 허락하였다. 많은 수녀들이 이 기회를 이용해 수녀원을 떠났다. 어떤 이는 결혼을 하기도 했고, 로마 가톨릭에 남고자 하는 이들은 다른 마을로 옮겨 가기도 했다. 수녀원에 남고 싶은 사람은 남을 수 있었지만, 종교적인 의복은 더 이상 허락되지 않았다.

얼마 지나지 않아 수녀원에는 나이 든 한 여인과 안나만 남게 되었다. 물론 그녀는 더 이상 수녀라고 불리지 않았다. 성령님께서 츠빙글리의 설교를 통해 그녀를 회심시키셨기 때문이다. 그런데도 그녀가 수녀원을 떠나지 않았던 것은 병든 어머니 때문이었다.

어느 날, 수녀원의 원목이었던 레오 쥬다가 청년 하인리히 불링거를 데려왔다. 목회 실습의 일부분이었던 일종의 신학교 견습 과정을 밟기 위해서였다. 그들은 안나를 만났고, 불링거는 이내 사랑에 빠졌다. 당시에는 제3자를 통해 결혼을 주선하는 것이 관행이었다. 그러나 불링거는 그것을 무시하고 안나에게 직접 편지를 써 청혼했다.[2] 이 편지는 현존하는 가장 오래된 종교개혁자의 연애편지가 되었는데, 그 길이와 논리가 참으로 빼어나다. 거기서 불링거는 자신의 상황과 형편을 설명하고 나서 그 모든 것을 다음과 같이 정리했다.

"……허나 어찌 많은 말이 필요하겠습니까! 요컨대, 제가 그대에게 보여 줄 수 있는 가장 크고도 확실한 보물은 하나님을 경외함이요, 경건과 신의와 사랑입니다. 그러하니 그것만큼은 기쁘게 그대에게 보여 주겠습니다. 또한 열심과 근면함과 성실함이 있으니, 이것은 땅에서 사라지지 않을 것입니다. 높은 지위와 많은 돈에 대해서는 그대에게 할 말이 없습니다. 그러나 우리에게 꼭 필요한 것은 부족하지 않으리라 확신합니다. 바울도 '우

---

2) Giselbrecht, "Myths and Reality": 57.

리가 세상에 아무것도 가지고 온 것이 없으매 또한 아무것도 가지고 가지 못하리니 우리가 먹을 것과 입을 것이 있은즉 족한 줄로 알 것이니라'(딤전 6:7,8)라고 말하지 않습니까."

그들이 실제로 언제 합법적으로 약혼했는지에 관해서는 의견이 나뉘지만, 어쨌든 안나는 그의 청혼을 받아들였다. 그러나 살 날이 얼마 남지 않았던 그녀의 어머니는 결혼을 반대했고, 이에 불링거는 법원에 제소하였다. 안나는 어머니에 대한 책임과 불링거를 향한 사랑 사이에서 이러지도 저러지도 못하게 되었다. 결국 안나는 결혼식을 미룬 채, 어머니가 돌아가실 때까지 수녀원에서 살면서 어머니를 돌보았다.[3] 그리고 불링거는 이 시간 동안 '여성의 교육에 관하여, 그리고 여성이 바른 행실과 삶을 견지하는 방법에 관하여(*Concerning Female Training, and How a Daughter Should Guide Her Conduct and Life*)'라는 제목의 소책자를 써서, 안나가 훗날 자신의 아내로 잘 준비될 수 있도록 도왔다.

1529년에 안나의 어머니가 세상을 떠났고, 그로부터 6주 후인 8월 17일에 그들은 결혼식을 올렸다. 불링거는 이날의 기억을 다음과 같이 일기장에 남겼다. "안나와 나는 8월에 비르멘스토르프(Birmenstorf)에 있는 교회에서 결혼했다……겉치레와 허례허식을 피하고자 했고, 그래서 브렘가르텐(Bremgarten)에서는 결코 식을 올리고 싶지 않았다. 수도원의 예배실에서 저녁 피로연을 가졌고, 가까운 친척들과 브렘가르텐의 저명한 인사들

3) Giselbrecht, "Myths and Reality": 58,59.

이 여럿 참석했다."[4]

그들의 조용한 결혼식은 아주 대중적인 결혼 방식이 되었다. 결혼하기 전 해에 취리히 총회는 불링거에게 목회자 자격을 부여했고, 그는 아버지가 목회했던 브렘가르텐의 목회자 자리를 수락했다. 불링거와 안나는 그곳으로 가서 안나(Anna)와 마르가레트(Margaret)라는 두 딸을 낳았고, 그로 인해 매우 기뻐했다.[5]

그러나 1531년, 츠빙글리가 죽은 바로 그 전투에서 취리히가 패배함으로써 그들의 생활은 위태로워졌으며, 특히 불링거의 목회가 위험해졌다. 로마 가톨릭은 개신교 목사들에게 자비를 베풀지 않았기 때문이다.

안나의 생애 중 이 부분과 관련하여 다음의 이야기가 전해져 온다. 이 이야기는 빅토리아 시대의 역사 기록에는 잘 나와 있지만, 그 이전 자료에는 등장하지 않는다. 그 내용은 이러하다. 11월 20일 밤, 불링거는 자신의 아버지와 형제를 데리고 브렘가르텐을 빠져나갔다. 그들이 간신히 마을을 떠나자 로마 가톨릭 군대가 들이닥쳤다. 군인들은 불링거의 집을 약탈하고, 군인 30명을 배치해 안나와 그녀의 두 딸을 지키게 했다. 두 딸은 물론 그 많은 적군들을 다 먹일 수 없게 되자, 안나도 탈출을 결심했다.

안나의 가족에게는 브리타(Britta)라는 충성스러운 하녀가 한 명 있었는데, 그녀는 일 년에 40길더와 신발 한 켤레 정도의 적은 보수를 받으면서

---

4) Bullinger, *Diarium*, 18. 친절하게도 데이비드 노우는 불링거가 자신의 결혼에 관해 기록한 부분을 번역해 주었다. 수도원에서 결혼식 피로연을 여는 역설적인 이 모습은, 루터가 검은 수도원(Black Cloister)이라 불리는 곳에서 개신교 공동체를 이루어 살았던 것과 유사하다.

5) Bullinger, *Diarium*, 19.

도 성실하게 그들을 위해 일했다. 브리타는 불링거의 가족을 진심으로 사랑했고, 그래서 그들을 위해 34년이라는 세월을 헌신했다. 어느 날 밤, 안나는 브리타에게 집을 맡기고, 18개월과 6개월밖에 안 된 두 아이를 데리고 도망쳤다. 마을 입구에 도착하니 성문이 닫혀 있었다. 경비대원은 문을 열어 주지 않았다. 어떻게든 탈출에 성공해야 했던 그녀는 경비대원에게 달려들어 그를 넘어뜨리고는 강제로 열쇠를 빼앗아 성문을 열고서 아이들과 함께 탈출했다. 그러고 나서 취리히에 무사히 도착한 안나는 그곳에 머물고 있던 남편과 다시 만나게 되었다.

물론 이들은 실제로 취리히에서 다시 만나게 되었지만, 이 이야기에는 과장된 측면이 있다. 안나가 전문적으로 훈련받은 군인을 힘으로 제압했다는 것을 증명할 만한 다른 기록이 없기 때문이다. 그렇다 하더라도 다른 부분들, 예를 들어 어려움에 처한 도시로 찾아가는 모습 등에서 나타나는 그녀의 열정과 노력은 매우 놀랍다.

전쟁에서의 패배와 츠빙글리의 죽음은 취리히의 종교개혁에 영향을 미쳤다. 그곳의 사역자였던 레오 쥬다는 피습을 당할까 봐 두려워 두문불출했다. 취리히 교회는 츠빙글리의 후임자를 찾았고, 레오 쥬다는 불링거에게 설교를 해 달라고 설득했다. 그의 설교는 너무나 힘 있고 감동적이어서, 사람들이 그를 가리켜 츠빙글리가 살아 돌아왔다고 말할 정도였다. 이윽고 바젤과 베른, 심지어 아펜첼(Appenzell)의 교회에서도 그를 청빙했다는 소식이 들리자, 취리히는 서둘러 투표하여 그를 청빙하기로 결정했고, 불링거는 그 청빙을 받아들였다.

이는 큰 명예인 동시에 설교자인 자신뿐만 아니라 아내를 위해서도 커다란 책임이 뒤따르는 결정이었다. 남편이 바빠지는 것 정도는 한 가족의 생활에 그리 큰 문제가 아니었다. 이들의 가정에는 거의 매년 아이들이 태어나 이제는 열한 명에 이르게 되었다.[6] 또한 불링거는 부모가 세상을 떠날 때까지 그들과 함께 살았고, 남편을 잃은 츠빙글리의 아내와 그 자녀들까지 거두어 한 가족처럼 돌보고 있었다. 게다가 불링거는 견습생들이나 재능 있는 학생들을 자기 집으로 불러 함께 지내곤 하였다. 훗날 그의 뒤를 이을 루돌프 괄터, 폴란드에서 온 두 소년과 그들의 교사, 그 밖에도 여러 사람들이 그 집에서 함께 살았다. 불링거는 그 모든 사람들의 생활비와 교육비를 책임지고 있었다.

안나의 식구는 계속 불어나, 한 집에 사는 사람이 스무 명을 넘길 때가 많았다. 그런데 놀랍게도 안나는 남편의 적은 보수로 그 모든 일들을 다 감당해 냈다. 그 많은 사람들을 먹이고 입히기 위해서는 엄청나게 절약해야 했다. 1553년 12월에 불링거가 스트라스부르(Strasbourg)에 있는 장남에게 쓴 편지를 보면, 그녀의 고충이 잘 드러난다.

"겨울 신발이 더 필요하다는 말에 네 어머니는 아연실색하였다. 네가 떠난 지 이제 15주가 채 되지 않았고, 떠날 때 이미 붉은색, 회색, 검은색 신발 세 켤레를 챙겨 가지 않았니? 이런 속도라면, 1년에 신발 여섯 켤레가

6) 6남 5녀 중 아들 셋은 어려서 죽었고, 둘은 목사가 되었으며, 나머지 하나는 빌럼 판 오라녀(침묵공 빌럼)를 위해 싸웠다. 딸 다섯은 모두 목사와 결혼했다. Richard Rolt, *Lives of the Principle Reformers...* (London: Bakewell and Parker, 1759), 149.

필요하겠구나. 아버지는 두 켤레로도 충분한데 말이다. 신발이 다 떨어질 때까지 내버려 두지 말고 제때 수선해 신거라."

안나가 검소하지 않았더라면, 불링거의 적은 보수로는 그 집의 모든 사람들을 돌볼 수 없었을 것이다.

또한 그 모든 일들을 감당하는 데에는 그녀의 시어머니와 나중에 무사히 취리히로 들어온 브리타의 도움도 빼놓을 수 없다. 불링거는 1556년에 아들 하인리히에게 보낸 편지에서 브리타를 언급한다. "너의 다섯 자매들과 특히 너에게 3그로셴(groschen)[7]의 선물을 보낸 브리타가 안부를 전한다." 브리타는 종교개혁 시대에 본보기가 되는 하인이었다고 할 수 있다. 그녀는 불링거의 집에서 일한 지 450년이 지나고 나서 사람들이 자신의 신실함에 관해 이야기하리라고는 생각하지 못했을 것이다.

안나는 수많은 집안 사람들만을 돌봐야 했던 것이 아니었다. 유럽 전역에서 개신교 피난민들이 몰려들었고, 그녀의 집은 갈 곳 없는 사람들의 안식처가 되었다. 당시 취리히는 다른 나라에서 박해받던 개혁주의 신자들의 피난처였고, 불링거는 이 피난민들에게 좋은 친구가 되어 주었다.

1542년에 처음으로 피터 마터 베르밀리(Peter Martyr Vermigli), 베르나르디노 오키노(Bernardino Ochino), 첼리오 쿠리오네(Celio Curione) 같은 이탈리아의 개혁자들이 왔다. 쿠리오네는 그에게 편지하면서 사도 바울의

---

7) 역자주 - 그로셴은 2002년에 유로화를 도입하기 전까지 오스트리아에서 사용하던 화폐 단위 중 하나이다. 1그로셴은 1실링(schilling)의 100분의 1에 해당하며, 약 0.00073유로이다. 그러므로 3그로셴이 얼마나 적은 금액인지를 추측할 수 있다.

표현을 따라 불링거를 감독이라 칭하며 감사를 전했다. "그대가 우리에게 보여 준 우정과 그리스도인을 돌보는 모습에 마음 깊은 곳에서부터 감사하지 않을 수 없습니다. 넘치는 친절과 사랑으로 우리를 보살펴 준 그대의 아내에게도 깊은 감사와 안부를 전해 주기를 바랍니다."

1556년 3월 3일에는 스위스 남부의 국경 지대인 로카르노(Locarno)에서 피난민들이 눈 덮인 알프스를 넘어왔다. 그리고 5월 12일에는 116명에 달하는 피난민들이 취리히에 들어왔다. 이에 불링거와 안나는 온 도시 가운데 손님을 접대하는 가장 모범적인 예를 보여 주었다. 1550년에 영국의 메리 1세 치하에서 박해가 시작되었을 때, 불링거와 취리히 교회는 피난민들을 기쁘게 맞아 주었다. 이미 1536년에도 크랜머 대주교가 세 명의 젊은이들을 취리히로 보내 교육받게 했는데, 불링거는 그중 두 명을 자기 집으로 데려왔다. 특히 안나는 어머니처럼 그들을 대했고, 그중 한 명은 나중에도 그 고마움을 잊지 않고 매번 감사의 뜻을 전했다.

불링거의 식탁은 영국의 박해를 피해 찾아온 피난민들로 가득 차는 날이 많았고, 때때로 안나는 그 많은 사람들에게 어떻게 음식과 옷을 제공해야 할지를 몰라 난처해하거나 걱정하기도 했다. 그러나 그녀는 어떻게든 감당했고, 주님은 언제나 채워 주셨다.

1546년에는 후퍼(Hooper) 주교와 그의 가족들도 취리히로 도망 와 불링거의 집에 머물렀으며, 후퍼의 딸은 그곳에서 세례를 받았다. 취리히는 영국에서 온 학생들을 가르쳐 목회자로 양성하기 위하여 학교를 세웠다. 그 학생들 중 다섯 명이 훗날 성공회의 주교가 되었고, 그들은 하나같이 불링거와 안나의 환대에 감사를 표했다. 이 부부가 영국의 개신교도들을 돌보아 준 일이 널리 알려지자, 나중에는 엘리자베스 여왕이 감사를 전하면서 화려한 장식이 새겨진 잔을 선물하기도 했다.

피난민들은 계속 늘어났고, 독일의 개신교도들도 전쟁을 피해 취리히로 왔다. 그들 중 한 사람도 나중에 편지를 보내, 자신을 환대해 준 불링거와 자기 아내를 위로해 준 안나에게 고마움을 전했다. 이렇게 안나는 신앙을 지키기 위해 피신 온 많은 이들을 보살폈다.

안나의 손님들은 박해를 피해 도망 온 사람들만이 아니었다. 남편의 재능과 자질을 알아본 외국의 저명인사들도 그들을 방문했다. 제네바에서는 칼빈과 파렐(Farel)이, 스트라스부르에서는 부서와 카피토(Capito)가 찾아왔다. 나바르(Navarre) 왕의 대사인 포르탈리스(Portalis), 뷔르템베르크(Württemberg)와 샤움부르크(Schaumburg)의 귀족들도 그를 방문했다. 불링거는 이 모든 사람들을 환영했다.

안나는 외국에서 온 피난민들뿐만 아니라 취리히의 가난한 사람들도 데려와 보살폈다. 안나는 도시의 가난한 자들에게 끊임없이 귀한 도움의 손길을 베풀었다. 그녀가 병든 사람들에게 음식과 옷, 돈이나 기타 필요한 것들을 나누어 주자, 이웃고 그 지역의 다른 목사들의 아내들도 이 사랑의 노력에 동참하게 되었다. 취리히 사람들이 그녀를 어머니라 부른 것은 너무나 당연한 일이고, 영국과 이탈리아, 네덜란드와 독일 등에서도 그녀를 취리히의 어머니라고 불렀다.

안나는 마지막 순간까지 신실함을 잃지 않았다. 1564년에 남편이 페스트에 걸렸는데, 모두들 그가 죽을 것이라고 생각했다. 그러나 안나는 온 힘을 다해 간호했고, 결국 그의 건강이 회복되었다. 그런데 안나는 자신의 목숨으로 그 값을 치러야 했다. 남편이 기력을 회복하자 그녀의 몸이 병들었고, 결국 안나는 세상을 떠났다. 취리히는 애도의 물결로 가득 찼다.[8] 안나가 죽은 후에 사람들은 불링거에게 재혼하라고 권했지만, 그는 거절하였다. 왜냐하면 그는 안나를 너무나 사랑했고, 그녀가 "그의 마음속에 여전히 살아 있었기" 때문이다.[9]

안나의 생애는 지금까지도 하나님의 백성을 신실히 사랑하고 자신을 희생한 아름다운 모범으로 남아 있다. 때때로 그 일들은 너무나 고되고 힘들었지만, 안나의 헌신을 통하여 해마다 수백 명의 사람들이 위로를 얻었고, 젊은이들이 미래의 사역을 준비할 수 있었다. 무엇보다 하나님께서 인도하신 그곳에서 그녀의 남편이 복음을 잘 전할 수 있었다. 가장 잘 알려진 불링거의 저작 중 하나인 '기독교인의 결혼(*Christian Matrimony*)'은 안나와 자신의 행복한 결혼 생활을 토대로 쓴 것인 듯하며, 불링거 부부는 온 유럽에 모범으로 전해졌다.[10] 안나가 보여 준 돕는 배필로서의 모범은 수십 년간 개신교의 표준으로 자리 잡았다.

---

8) 성인이 된 안나의 세 딸도 1564년과 1565년에 똑같은 전염병으로 세상을 떠났다. Rolt, Lives of Reformers, 149.

9) Rolt, *Lives of Reformers*, 149에서 인용.

10) Heinrich Bullinger, *The Christen State of Matrimonye*, trans. Miles Coverdale, facsimile of the 1541 ed. (Amsterdam: Theatrum Orbis Terrarum, Ltd. 1974). 이 책은 수 세기 동안 결혼과 가정생활에 관한 베스트셀러로 자리매김했다. 윌리엄 가우지(William Gouge)의 베스트셀러 *Domestical Duties*는 불링거의 책에 바탕을 두고 있다.

3

카타리나 쉬츠

(Katharina Schütz)

츠빙글리는 마티아스 첼(Matthias Zell)의 아내인 카타리나를 다음과 같이 칭송했다. "그녀는 마리아와 마르다의 장점을 겸비한 여인이다."

카타리나는 진중하고 유능하며, 많은 개신교 피난민들에게 어머니가 되어 주었고, 여성 문인으로서 종교개혁 초기에 주도적인 역할을 하였다. 복음 사역에 자신의 생애를 바친 그녀는 종교개혁의 어머니라고 불리기도 하였다.

카타리나 쉬츠(1497년경-1562년)는 스트라스부르에서 태어났다. 그녀의 집안은 인정받는 기술자 집안이었으며, 덕분에 그 집의 아이들은 아들딸 할 것 없이 모두 좋은 교육을 받았다. 카타리나는 어린 나이에 신앙의 열심을 품고 순결 선서까지 하였다. 이는 뿌리 깊은 로마 가톨릭적인 경건을 엿볼 수 있는 부분이다. 그렇게 헌신하였는데도 그녀는 구원의 확신을 얻지 못했다. 미사에 참석하는 것이나 자선 행위나 고해성사 등으로는 하나님의 은총을 얻기에 결코 충분하지 않다고 느꼈다.

그러다가 그녀가 십 대 후반이 되었을 무렵, 스트라스부르에 변화의 바람이 불었다. 새로운 교리와 책들이 소개되었고, 1518년에는 마티아스 첼이 그곳 대성당의 설교자로 부임했다. 그는 곧바로 복음을 전하기 시작했는데, 당시 루터를 수없이 곤경에 빠뜨렸던 그 신학이었다.

그때부터 파도가 일기 시작했다. 대성당의 책임자였던 로마 가톨릭 대주교는 첼이 강단에 서지 못하게 했다. 당시 성당의 강단은 탑처럼 생긴 구조로 되어 올라가는 계단과 문이 있었는데, 이 문을 걸어 잠가 버린 것이다. 그러자 첼의 친구들은 나무로 새 강단을 하나 더 만들어, 첼이 설교할 때면 언제든 그것을 교회 안으로 가지고 들어왔다.

첼은 그 임시 강단에서 커다란 예배당을 가득 메운 사람들에게 복음을 전했다. 그의 설교는 계속해서 마리아 경배 같은 로마 가톨릭의 오류들을 파헤쳤고, 대신 영적인 진리로 그 자리를 채웠다. 스트라스부르의 출판사들이 펴내는 개신교 서적들과 성경의 진리를 전하는 첼의 설교를 통해 그 도시의 대부분이 개신교로 바뀌었다.[1)]

장차 그의 아내가 될 카타리나는 바로 첼이 사역했던 교회에 있었다. 그녀는 늘 성경의 교리를 진지하게 받아들였고, 더는 영적인 안정감을 찾아 헤매지 않게 되었다. 그리스도의 완전한 속죄와 거룩하게 하시는 성령님

---

1) Alise Anne McKee, *Katharina Schütz Zell* (Leiden: Brill, 1999), 1:34,35.

의 사역을 이해하자 마침내 구원을 확신할 수 있었기 때문이다.

1525년 12월 3일, 목사와 교인이 결혼식을 올렸다.[2] 스트라스부르 대성당은 사람들로 가득 찼다. 이는 자신들의 사제가 결혼하는 것을 인정하겠다는 뜻이었다. 훗날 첼의 뒤를 이어 스트라스부르의 개혁자가 될 마르틴 부서의 집례로 식이 거행되었다. 결혼식을 마친 후에는 모두가 개혁된 방식으로 성찬을 기념했다.

카타리나는 경건하고 부지런하며 사려 깊은 아내였고, 자기보다 스무 살이나 많은 남편을 온 힘을 다해 뒷바라지했다.[3] 그녀는 하나님께서 그들을 하나 되게 하신 것에 자주 감사를 드렸으며, 첼과 자신이 한 마음이요 한 영혼이라고 생각했다. 그녀는 이러한 기록을 남겼다. "우리를 하나로 묶어 준 것은 은이나 금이 아니었다. 우리는 그것들보다 더 고귀한 것을 가지고 있었다. '바로 그리스도께서 우리 눈에 보이는 표지'이시다."

이들의 결혼은 개신교에서 거의 처음으로 이루어진 혼인이었고, 남편과 아내 모두에게 과감한 발걸음이었다. 왜냐하면 사제가 결혼하는 것이 교회법을 어기고 로마에 항거하는 것이며, 그로 인해 때로는 자신의 지위와 수입을 모두 잃기도 했기 때문이다.[4] 그러나 첼에게 그것은 주님의 복을 받는 한 걸음이었다. 카타리나가 이전에는 자기 영혼을 구원하기 위해 종교적 행위에 힘을 쏟았으나 이제는 그 힘을 그녀의 결혼 생활과 종교개

---

2) McKee, *Katharina Schütz Zell*, 1:40.

3) Bainton, *Germany and Italy*, 56.

4) McKee, *Katharina Schütz Zell*, 1:47.

혁에 쏟아부었기 때문이다.

교육을 잘 받은 덕분에, 카타리나는 성경을 점점 이해해 갈수록 신앙의 지식도 더욱 깊어져 갔다. 또한 기개와 언변의 복을 받은 그녀는 사람을 대하거나 글을 써 자신의 생각을 변호하는 법을 알았다.

그녀는 복음 전하는 것을 가장 큰 목표로 삼았다. 어떨 때는 이 일에서 그녀가 남편을 능가하고 남편이 뒤로 밀려난 것처럼 보이기도 했다. 부서는 첼이 "다소 도도한"[5] 아내에게 맥을 못 춘다고 말한 적이 있다. 그러나 그런 부서 역시 그녀가 "하나님을 경외하며 용사처럼 용맹하다"라고 증언하였다. 물론 첼은 결혼 전부터 이미 개혁 사역을 시작했기 때문에, 그가 아내에게 휘어잡혀 그녀의 그림자에 가려져 있었다고 말할 수는 없다. 카타리나 본인도 자신은 오직 남편을 돕는 배필, 즉 "마티아스 첼의 성결한 작은 갈비뼈 한 조각"이 되기를 원할 뿐이라고 말했다.

그녀의 저작 중에서 성직자의 결혼을 변호하는 내용을 담은 책이 가장 잘 알려져 있다. 이 책에서 그녀는 성경의 증언을 토대로, 어떻게 사제와 목사가 결혼할 권리를 가지는지, 그리고 결혼 생활에 비해 독신 생활이 왜 도덕적으로 우월하지 않은지를 보이고자 했다. 이 책을 쓴 목적은 그저 남편에게 쏟아지는 비난에 반박하는 것이 아니라, 사제들도 결혼해야 할 성경적 근거를 제시함으로써 이 문제에 대한 사람들의 인식을 바꾸는 것이었다. 또한 교인들로 하여금 그들의 딸이 안수 받은 사역자와 결혼하는 것

---

5) Bainton, *Germany and Italy*, 63에서 인용.

을 막지 않게 하는 것이었다.

카타리나는 성직자의 결혼에 반대하면서 자신의 남편을 모함하는 자들의 이름을 하나하나 거론하면서 "이리," "독사," "멍청이"라고 불렀다. 그녀는 그들의 주장을 되받아치면서, 로마 가톨릭이 성직자의 결혼을 금하는 것은 성경에 근거한 것이 아닐뿐더러, 만연해 있던 성직자들의 매춘 행위에 세금을 부과하기 위해 교황이 만들어 낸 제도라고 말했다.[6] 그리고 이사야 57장 3,4절을 인용하면서 책을 끝맺는다.

"무당의 자식, 간음자와 음녀의 자식들아 너희는 가까이 오라. 너희가 누구를 희롱하느냐, 누구를 향하여 입을 크게 벌리며 혀를 내미느냐. 너희는 패역의 자식, 거짓의 후손이 아니냐."

카타리나의 태도는 돕는 배필에 대한 고정 관념, 즉 주체적이지 못하고 의존만 하는 모습과는 정반대였다. 직설적이고도 노골적으로 반박하는 그녀의 글이 유럽 전역에 알려지면서 개인적으로 편지를 주고받는 일이 많아졌는데, 그녀는 그런 일에 아주 탁월했다. 결혼 직후에 그녀는 루터에게 편지를 쓰기 시작했고, 츠빙글리와도 서신을 교환했다.

카타리나는 병든 자와 가난한 자, 그리고 박해를 피해 스트라스부르로 온 피난민들을 돌보는 등 지역 공동체 안에서도 많은 일들을 했다. "나는 결혼 초기부터 이미 피신해 있던 훌륭하고도 학식 있는 사람들을 많이 맞아들였다. 그리고 '너희는 약한 손을 강하게 하며 떨리는 무릎을 굳게 하

---

6) Katharina Schütz Zell, *Church Mother: The Writings of a Protestant Reformer in Sixteenth-Century Germany*, trans. Elsie McKee (Chicago: University of Chicago Press, 2006), 72,73.

며'(사 35:3)라는 하나님의 말씀대로 그들을 위로하였다."

개신교인 15명이 양심의 자유를 찾아 바덴(Baden)에서 떠나왔을 때, 첼의 가족은 한 노령의 의사를 집으로 들였다. 훗날 그는 로마 가톨릭의 감옥에서 4년을 지내는 동안 카타리나의 친절을 떠올리면서 많은 위로를 얻었다고 말했다.

1524년에는 하룻밤에 150명의 사람들이 켄칭엔(Kentzingen)[7]에서 쫓겨나 스트라스부르로 도망쳐 왔다. 첼은 그중 80명을 자신의 집으로 맞아들였고, 카타리나는 4주 동안 5,60명의 사람들에게 음식을 제공하고 그들을 친절히 돌보아 주었다. 또한 그녀는 두고 온 그들의 아내들에게도 편지를 써 믿음 위에 굳게 서 있으라고 말하면서 용기를 북돋아 주었다. 그 편지는 단순히 연민을 보여 준 것이 아니라, 그 여인들에게 믿음 안에서 기뻐하고 담대해야 할 이유를 전해 주었다. 곧 그들이 겪는 고난이 바로 택함을 받은 증거라는 것이다.[8] 또한 여성이 집에서 아이들을 돌보는 것은 뻔하고도 수동적인 일이 아니라 적극적으로 그리스도를 섬기는 일이라고 천명했다.[9]

그 내용은 이러하다. "하나님께서 내게 은혜와 은총을 베풀고 또 큰 영광을 베푸사, 내가 여러분의 은사와 다른 듯하면서도 같은 은사를 받아,

---

7) 역자주 - 켄칭엔(현대 독일어로 Kenzingen)은 독일 남부에 있는 도시이며, 라인강을 건너 프랑스의 스트라스부르까지는 차로 한 시간이 채 안 걸리는 매우 가까운 거리에 있다.

8) McKee, *Katharina Schütz Zell*, 2:2; Zell, *Church Mother*, 50,53.

9) Zell, *Church Mother*, 43.

여러분과 함께 그분의 사랑하시는 아들 그리스도께서 받으신 그 고난을 받게 하시기를 원합니다."[10]

당시에는 종교개혁 신앙을 따르는 사람들이 다 함께 굳건히 연대해야 했다. 1525년에 농민 전쟁이 발발하여 한창일 때, 카타리나는 남편을 따라 다른 목회자들과 함께 사람들을 찾아다니면서 폭력을 멈추라고 호소했다. 그러나 그들이 호소해도 아무런 소용이 없었고, 3,000명이 넘는 피난민들이 스트라스부르로 쏟아져 들어왔다. 당시 그곳의 인구는 고작 25,000명 정도였다.[11] 카타리나는 계속 분주하게 피난민들을 돌보았고, 자기가 도울 수 없을 때에는 다른 사람을 알아봐 주기도 했다.

그녀의 이런 헌신은 수많은 피난민들에게 복이 되었을 뿐만 아니라, 부부 관계를 더욱 돈독하게 만들었다. 첼은 부부가 함께 그 일에 애쓰고, 특히 그녀가 큰 역할을 감당해 주는 것에 늘 기뻐했다. 첼이 결혼식을 할 때에 그녀에게 가난한 자들과 피난민들의 어머니가 되어 달라고 당부했기 때문이다. 그리고 그녀는 그저 남편과 한마음이 되어 하나님께서 자신에게 원하시는 일을 할 뿐이었다.[12]

그 밖에도 카타리나는 그 지역의 감옥에 갇힌 사람들을 정기적으로 방문했다. 수용자들의 신앙적 견해는 다양했지만, 그녀는 그곳에서 많은 사람들과 대화를 나눴고, 그들을 불쌍히 여기는 마음에 아무리 바쁘더라도

---

10) Zell, "Letter to the Suffering Women of the Community of Kentzingen," in *Church Mother*, 52,53.

11) Bainton, *Germany and Italy*, 63.

12) McKee, *Katharina Schütz Zell*, 1:50.

시간을 내 그곳을 찾았다.[13)]

카타리나의 집은 위대한 많은 개혁자들이 피신한 곳이기도 했다. 부서는 바이센부르크(Weissenburg)에서 도망쳐 그녀의 집에 머물렀다. 프랑스를 떠난 칼빈이 노정에서 돈을 모두 도둑맞았을 때에도 카타리나는 그를 자기 집의 따뜻한 화롯가로 맞이했다. 1529년, 루터와 츠빙글리가 마르부르크(Marburg)에서 논쟁을 벌이자 엄청나게 많은 개혁자들이 스트라스부르로 모여들었는데, 그때에도 카타리나가 그들을 대접했다. 그녀는 이렇게 회고했다. "존경하는 외콜람파디우스(Oecolampadius)와 츠빙글리 같은 분들이 이곳에 계실 때, 나는 14일 동안 그들을 섬기며 음식을 준비했다."

또한 그녀는 가족을 돌보는 일도 소홀히 하지 않았다. 그녀는 양가 부모를 비롯해 자신의 자매들과 그들의 남편들과 조카들, 한동네 사는 친척들을 언제나 반갑게 맞이하였다. 카타리나의 어머니가 세상을 떠난 후에는 그녀의 아버지가 첼의 집 가까이로 이사하여 출가하지 않은 자녀 네 명과 함께 지냈는데, 그들을 돌보는 것 역시 카타리나의 일상이었던 것 같다.

1526년 무렵 카타리나도 아이를 낳았다.[14)] 양가 부모들 모두가 한없이 기뻐했다. 그녀는 자선 활동과 손님 접대로 늘 분주한데도 자신이 가진 또 하나의 성경적 소명인 어머니로서 해야 할 일에도 전혀 소홀하지 않았다. 그런데 1527년 2월에 그 아기가 세상을 떠났다. 카타리나의 전기를 쓴

---

13) Bainton, *Germany and Italy*, 65.

14) McKee, *Katharina Schütz Zell*, 1:70. 세례 명부에 근거하여 출생일을 추산하였다.

앨리스 맥키(Alise McKee)는 이에 관해 다음과 같이 기록하였다. "마티아스는 잘 견뎌 내는 것처럼 보였으나, 카타리나는 몹시 힘들어했다."[15)]

심각한 전염병이 돌던 1531년의 어느 날, 카타리나는 둘째 아이를 출산했다. 이 아이 역시 얼마나 살 수 있을지를 알 수 없었고, 결국 1533년에 세상을 떠나고 말았다.[16)] 그녀는 어머니로서 슬픔을 느낄 뿐만 아니라, 신학자로서 이 모든 상실이 하나님의 징계가 아닌지 근심했다.[17)] 친구들이 그렇지 않다고 위로했지만, 그녀는 너무나 슬픈 나머지 그 일을 받아들이기가 몹시도 힘들었다.

두 아이를 잃은 슬픔이 사망의 깊은 골짜기와 같았으나, 카타리나는 다른 이들을 도우며 교회를 보살피는 일을 늦추지 않았다. 그녀의 남편 역시 조금도 용기를 잃지 않고 담대히 진리를 설교했다.

한편 첼은 개신교 안에서 일어나는 논쟁들에 대해 침묵하려고 했던 반면에, 카타리나는 논쟁하기를 두려워하지 않았다. 그녀는 필요하다고 생각되면 언제라도 진리와 평화를 위해 공개적으로 글을 썼다. 한번은 루터에게 편지를 써 성찬에 관한 논쟁에서 스위스를 좀 더 너그러이 보아 달라고 요청했다. 루터는 평소와는 사뭇 다르게 훨씬 점잖은 어조로 그녀에게 답했다. 1536년에 체결된 비텐베르크 협약(Wittenberg Concord)으로 루터와 스위스 사이에 평화가 찾아온 후에 첼 부부는 비텐베르크를 방문

---

15) McKee, *Katharina Schütz Zell*, 1:77.

16) McKee, *Katharina Schütz Zell*, 2:306.

17) McKee, *Katharina Schütz Zell*, 1:84.

했고, 카타리나는 이를 매우 흡족히 여겼다.

그녀는 굳건한 진리의 파수꾼이었으나, 한편으로는 재세례파나 심지어 쉬벵크펠트파(Schwenkfelder)[18] 사람들까지도 동정 어린 눈으로 바라보았다. 1528년에 쉬벵크펠트가 스트라스부르로 도피했을 때, 카타리나는 그를 친절하게 맞아 주었다. 이에 대해 부서는 또 한 번 미심쩍어하면서, 만약 쉬벵크펠트가 작위적으로 경건한 척 가장하지 않았다면 첼의 가정에 그렇게 쉽게 접근하지 못했을 것이라고 말했다.[19] 이유야 어떻든 간에 카타리나는 쉬벵크펠트를 공개적으로 감싸 주었고, 그와 서신을 교환하기도 했다.

전염병이 유행하던 1541년, 카타리나는 남편은 물론 스트라스부르의 많은 사람들을 간호하여 건강을 되찾게 해 주었다.[20] 이때 그녀는 다시금 명확한 부르심을 확인하였고, 두려움 없는 그녀의 순종이 빛을 발했다. 병든 자들을 돌보는 그녀의 명성이 온 도시와 그 바깥 지역에까지 자자해졌고, 거기서 그치지 않고 더 퍼져 나갔다.

카타리나는 모진 수고를 하는 가운데 늙어 가면서도 여전히 왕성하게 일했다. 그러다가 1548년 1월 9일, 주님께서 그녀의 남편을 부르셨다. 생

18) 쉬벵크펠트는 처음에는 루터교인이었으나, 유아세례와 교파의 차이를 부정하고, 교파 대통합을 비롯하여 재세례파와 유사한 교리를 전하는 등 갈수록 분파적 성향을 띠었다. 결국 그는 그리스도의 인성과 신성에 관해 성경에 어긋나는 가르침을 전하며 이단의 길로 들어서게 되었다. 쉬벵크펠트파는 대부분의 유럽 지역에서 자신들이 신학적으로 받아들여질 수 없다는 사실을 깨닫고, 상당수가 미국의 펜실베이니아로 이주하였다.

19) Bainton, *Germany and Italy*, 66.

20) McKee, *Katharina Schütz Zell*, 1:107.

애 마지막 밤에 첼은 자신을 돕는 목사들에게 마지막으로 다음과 같은 메시지를 전해 달라고 아내에게 부탁했다. "재세례파와 쉬벵크펠트파 사람들과 평화롭게 지내십시오. 그들을 핍박하기보다는 그들에게 그리스도를 전해 주십시오."

첼의 장례식이 치러지는 날은 마침 도시의 시민들이 충성의 서약을 재확인하며 도시의 지도자를 새로 선출하는 날이었다. 그래서 마을에서 수천 명의 사람들이 나와 첼의 관을 둘러싸고 묘지까지 따라갔다. 부서의 장례식 설교가 끝나고 많은 이들이 집으로 돌아간 후, 카타리나는 가까운 친구들에게 남편의 업적과 그가 남긴 사랑의 말들에 대해 이야기해 주었다. 그리고 이것은 훗날 기록으로 남겨져 출판되었다. 시의 지도자는 첼의 업적에 경의를 표하며, 카타리나가 교회의 사택에서 계속 지낼 수 있게 해주었다. 이것은 그녀에게 경제적으로 큰 도움이 되었다.

카타리나는 자신의 건강이 나빠지고 있는 중에도 쉬지 않고 병든 자들을 도왔다. 1558년에는 시의 지도자 중 한 사람이 한센병에 걸려서 그의 가족조차도 방문할 수 없었는데, 카타리나는 어떻게든 허락을 받아 정기적으로 그를 찾아갔고, 고통 가운데 있는 그를 위로하고 격려하였다.[21] 또한 그녀의 조카가 매독에 걸려 전염병 환자들의 병원으로 보내졌는데, 가족의 어려움을 지나칠 수 없었던 카타리나는 한동안 병원에서 그와 함께 지내면서 의료진조차 엄두도 못 낼 정도로 극진히 보살폈다.

---

21) Bainton, *Germany and Italy*, 68.

첼이 세상을 떠나기 전 해에, 카를 5세는 사람들을 강제로 로마 가톨릭으로 회귀시키려고 아우크스부르크 가협정(Augsburg Interim)을 들고 나왔다. 카타리나는 공개적으로 이에 반대하는 글을 쓰면서, 스트라스부르를 향해 교황을 버리고 그리스도만을 진실히 붙들라고 촉구했다. 그러나 첼이 죽고 부서가 영국으로 떠나자 스트라스부르도 변했다. 루터주의가 들어왔고, 카타리나는 생애에서 가장 고통스러운 논쟁에 공개적으로 휘말리게 되었다.

남편이 살아 있을 때에 라부스(Rabus)라는 신학생이 그녀의 집에 살면서 훈련을 받았는데, 훗날 그는 첼의 자리를 물려받았고 그 도시에서 가장 유명한 설교자가 되었다. 그러나 첼에게서 훈련을 받은 그가 개혁주의 신앙과 전통을 공격하면서 고교회파 루터주의(high Lutheranism)[22]를 강요했다. 카타리나는 남편의 설교와 신학을 더럽히는 자에게까지 관용을 베풀 수 없었고, 그래서 그를 비판하는 글을 썼다. 이 글은 그녀의 저작들 중 가장 눈여겨볼 만하다. 진리를 수호하기 위하여 공개적으로 논란의 쟁점을 다루는 글을 썼다는 사실만으로도 그녀가 개혁자의 역할을 했다고 볼 수 있기 때문이다.

1557년, 라부스는 그녀의 글에 답했다. 그는 신학적·정치적 주제에서 카타리나 개인에 대한 공격으로 옮겨 가며, 그녀를 교회의 평화를 어지럽히

22) 역자주 - 고교회(high church)와 저교회(low church)라는 개념적 구분은 성공회에서 비롯되었다. 고교회파는 기존의 로마 가톨릭적인 의식과 예전(禮典)을 상당 부분 유지하려고 하는 한편, 저교회파는 형식과 질서보다는 복음의 내용 자체에 중심을 두려 한다고 할 수 있다.

는 자라고 비난했다. 카타리나는 스트라스부르의 모든 시민에게 보내는 답장을 썼다. 그녀의 어조는 신랄했고, 그 논리는 명쾌했다.

> 시덥지 않은 오락거리에 시간을 허비하지 않고 전염병이 창궐한 곳에 가서 죽은 자들을 옮겨 내는 일을, 그대는 평화를 어지럽히는 일이라고 부릅니까? 나는 감옥에 갇힌 자들과 사형을 선고받은 자들을 돌아보았습니다. 삼 일 밤낮을 먹지도, 자지도 못한 적이 한두 번이 아닙니다. 나는 단 한 번도 강단에 올라선 적이 없으나, 그 어떤 목회자들보다도 많은 사람들을 찾아다니면서 돌보았습니다. 이것이 과연 교회의 평화를 어지럽히는 일이란 말입니까? 당신 같은 젊은이들은 스트라스부르 교회를 세운 선조들의 무덤을 밟고 서서는 자기에게 반대하는 자들을 모질게 대합니다. 그러나 그대여, 신앙은 그렇게 강제할 수 있는 것이 아닙니다.[23)]

이때가 그녀에게는 참으로 가슴 아픈 시기였다.

카타리나는 남편의 죽음을 슬퍼하는 가운데, 교회의 신학이 나뉘는 모습을 바라보면서, 그리고 친구의 고통을 함께 느끼면서 성경을 연구했고, 이렇게 연구한 자료들을 1558년 무렵 책으로 출판했다.[24)] 특히 '시편 51편과 130편, 그리고 주기도문에 대한 주석'은 다른 작품들보다 묵상의 내용

---

23) Katharina Schütz Zell to Rabus, in Bainton, *Germany and Italy*, 72,73.

24) McKee, *Katharina Schütz Zell*, 2:305-309.

을 더 많이 담고 있다. 이를 통해 때로는 넘치는 은혜 가운데서, 때로는 애끓는 슬픔 가운데서 저자의 영혼이 어떻게 성장해 왔는지를 잘 볼 수 있다. 바로 그것이 그녀가 마지막으로 출판한 작품이다.

카타리나는 계속해서 교파를 막론하고 박해받는 개신교도들의 피난처가 되었다. 부서는 영국으로 떠나기 전에 그녀에게 금덩이 두 개를 주면서 피난민들을 돕는 일에 써 달라고 부탁했다. 그녀는 그중 하나를 둘로 나누어, 한 조각은 다섯 아이들을 데리고 박해받던 목사의 가정을 위해 사용했고, 다른 한 조각은 목사인 남편이 참수되는 것을 봐야 했던 과부를 위해 사용했다. 그리고 나머지 한 덩이는 부서가 영국에 가서 쓸 일이 있을 것이라고 여겨 그에게 돌려주었다. 이처럼 그녀는 죽는 날까지 계속 사랑으로 헌신했다.

그녀가 사망한 시기는 알려지지 않았으나, 1562년 3월 3일에 쓴 편지가 남아 있는 것으로 보아 그때까지도 살아 있었던 것 같다. 편지에서 그녀는 "오랜 병으로 이제 절반은 죽은 것 같고, 펜을 들 기력이 없어서" 많이는 쓰지 못하겠다고 했다. 예순네 살의 노령에도 그녀는 믿음의 사람들에게 편지를 써 교훈과 위로를 전하고자 애썼다. 그리고 그해가 끝나 갈 무렵, 그녀도 비로소 영광의 자리에 들어갔다.

그녀는 세상을 떠날 날을 한참 동안 기다렸던 것 같다. 죽기 몇 해 전에 카타리나는 친구에게 이런 생각을 담아 편지를 썼다.

> 이제 내가 죽을 날이 가까이 오고 있습니다. 나는 그날을 기쁘게 맞이

할 것입니다. 그날이 내게 기쁜 소식이요, 이 땅에서 죽는 것이 내게 유익임을 압니다. 썩을 것과 죽을 것을 내려놓고, 영원히 썩지 않고 죽지 않을 것을 입기 때문입니다. 나는 이제 예순이 되었고, 지난 50년 동안 하나님을 경외하며, 그분 앞에서 세상을 따르지 않고 살았습니다. 그러하기에 이제 나는 거룩한 암브로스(Ambrose)처럼 고백할 수 있습니다. "나는 신실한 사람들과 함께 계속 살아가는 것이 부끄럽지 않습니다. 그러나 죽는 것 역시 두렵지 않습니다. 왜냐하면 나는 그리스도 안에서 다시 살게 될 것을, 그리고 그분 안에서 은혜로운 하나님과 영원히 함께하게 될 것을 확신하기 때문입니다."[25)]

이것은 종교개혁이 낳은, 교회에서 가장 뛰어난 여성이 남긴 증언이다. 그녀는 자녀 없이 살면서 개혁자들의 어머니가 되었고, 남편에게도 뒤지지 않는 유능한 아내가 되었다. 가정을 돌보고 피난민들을 맞이하는 일을 훌륭히 해내면서, 동시에 자신의 신학적 입장을 글로 쓰기도 했다. 명실상부하게 여성 신학자라 해도 손색이 없다. 오늘날의 역사가들은 카타리나를 평신도 개혁자라고 부른다. 그러나 그녀는 모든 기독교인들이 해야 하는 일을 했을 뿐이다. 바로 자신이 처한 상황에서 자기 재능을 사용하여 할 수 있는 한 복음을 전하는 것이다.

---

25) Katharina Schütz Zell to Armbruster, July 1558, in McKee, *Katharina Schütz Zell*, 1:229.

4

마르가레트 블라우러

(Margarethe Blaurer)

종교개혁 시대의 여성들 중에는 개혁자들의 아내들뿐만 아니라 누이들도 있었다. 마르가레트 블라우러(1494년경-1541년)는 콘스탄츠와 뷔르템베르크의 개혁자인 암브로스 블라우러(Ambrose Blaurer)의 여동생이다. 마르가레트는 다른 여성들에 비해 많이 알려지지 않았지만, 미혼으로 살면서 자신의 삶을 헌신한 본을 보여 준다.[1)]

1415년, 얀 후스(Jan Hus)는 콘스탄츠에서 화형당하면서, 자신의 재 위에서 종교개혁이 피어나리라고 예언하였다. 그리고 1527년, 그 도시는 로마 가톨릭을 버렸다. 20명이 넘는 목사들이 성상과 성화가 사라진 교회에

---

1) 제임스 굿은 그녀의 성을 Blaarer라고 썼고, 부서는 자신의 편지에서 Blaurer라고 썼다. *Martin Bucer Briefwechsel, Band Ⅲ (1527-1529)* (Leiden: Brill, 1995), 107을 참고하라. 현대에는 Blarer를 더 일반적으로 쓰지만, 그녀의 가족들은 Blaurer를 선호했던 것 같다.

서 설교했고, 로마 가톨릭 사제와 주교들은 그 도시를 떠났다.

이렇게 개혁의 바람이 이는 곳에서 블라우러 가족이 주목받기 시작하였다. 암브로스는 원래 수도사였는데, 종교인들의 죄악이 너무나 역겨워서 수도원을 떠났다. 그의 남동생인 토마스는 도시의 시장이 되었고, 마르가레트는 스위스 개혁의 동반자가 되었다.

종교개혁 당시 콘스탄츠에는 가뭄과 전염병, 지진 등 여러 가지 어려운 일들이 연이어 일어났다. 바로 그때 마르가레트는 암브로스에게 큰 도움이 되었다. 그녀는 비록 평범한 가정에서 태어났지만, 당시 개신교의 많은 여성들과 마찬가지로 교육을 잘 받았다. 제임스 굿은 에라스무스(Erasmus)와 불링거가 그녀를 시인으로 칭송했다고 전한다. 다만 남아 있는 편지들을 보면 그녀에게 보낸 편지들이 모두 그녀의 모국어로 쓰였는데, 이로 미루어 볼 때 그녀의 라틴어 실력은 조금 부족했던 것 같다.

그녀는 종교개혁에 몸담은 학자들과 편지를 많이 주고받았다. 1528년, 부서는 회의에 참석하고 집으로 돌아가면서 콘스탄츠를 지나 독일로 갔다. 거기서 그는 마르가레트를 만났고, 이후로 그녀에게 몇 차례 편지를 보냈다.[2)] 마르가레트보다 불과 세 살 어렸던 부서는 그녀를 "자매"라고 불렀으며, 그녀에게 경의를 표하면서 "어머니"라고도 불렀다.

---

2) 굿은 취리히 자료 보관소에 79통의 편지가 있다고 주장하지만, 인용된 바가 하나도 없어서 그 편지들이 실제로 어디에 있는지는 알 수 없다. *Famous Women of the Reformed Church*, 56. 브릴(Brill) 출판사에서 부서의 편지를 모아 여러 권으로 발행한 책에 보면, 그가 마르가레트에게 보낸 편지가 몇 통 있지만 굿이 주장하는 만큼은 아니다. 부서의 편지 중에는 암브로스에게 보낸 것들이 훨씬 많다. *Martin Bucer Briefwechse. Band Ⅲ*.

부서는 적어도 한 차례 이상 블라우러의 집을 방문했다. 한번은 그가 마르가레트가 집에 없을 때에 그 집에서 식사를 하였는데, 이후에 암브로스는 부서에게 편지하여, 마르가레트가 그를 직접 대접하지 못하여 무척 아쉬워하였으며 나중에 그녀가 있을 때에 꼭 다시 와 달라고 부탁했다고 전했다.[3)]

당시 종교개혁자들은 여성 동역자들과 편지를 주고받곤 하였는데, 마르가레트와 부서도 전형적으로 그러한 관계였다. 부서는 마르가레트의 오빠와 주로 교제하였다. 부서는 암브로스에게 편지를 보내면서 마르가레트에게 종종 안부를 전했고, 그녀 역시 개혁 사역에 관여하고 있었기에 이따금씩 그녀에게 직접 격려하거나 조언하기도 했다.

그들은 꽤나 친분이 두터웠다. 그래서 부서가 그녀에게 이제 그만 결혼하라고 농담을 던지기도 했다. 그 당시에도 목사들은 경건한 젊은 남녀들을 맺어 주려고 했다. 부서는 자신이 높이 평가하는 젊은 남성들과 마르가레트가 알고 있는 젊은 여성들을 맺어 주자고 그녀에게 도움을 청하기도 했다.[4)]

또한 그들은 신학적인 주제로 대화하기도 했다. 개신교 공동체 안에 재세례파가 퍼져 나가기 시작했고, 그중에는 마르가레트의 친구들도 있었다. 부서는 그 무리의 가르침이 이단적이라고 말하면서 그들의 신학이 가진

3) Ambrose Blaurer to Martin Bucer, February 13, 1531, in *Martin Bucer Briefwechsell Conrrespondence Band V (September 1530-Mai 1531)* (Leiden: Brill, 2004), 271.

4) *Martin Bucer Briefwechsel, Band VI (Mai-October 1531)* (Leiden: Brill, 2006), 25.

위험성을 설명했다. 마르가레트가 그들의 관점을 성경적인 것으로 보았기 때문인지, 아니면 그저 부서가 그녀를 염려했기 때문인지는 분명하지 않다. 다만 부서는 그녀에게 그녀가 발견한 오류들을 성경적으로 해설하는 '우리의 신앙고백(our confession)'이라는 글을 보냈다.[5] 그리하여 마르가레트도 당시 개신교의 동역자들이 흔히 그러했듯이 시간을 내 신학 저술들을 읽었다.

그들이 친구나 다른 교제 관계, 종교개혁의 더욱 광범위한 주제들에 관해 나눈 다양한 대화들을 보면, 당시 종교개혁자들과 그들의 누이들 사이에도 성경적인 우정이 형성되었음을 분명히 알 수 있다. 그들은 개혁의 과업을 이루어 가는 가운데 서로 격려하며 실제적인 도움을 주고받았다. 즉, 복음을 위해 함께 긴밀히 협력했다.

마르가레트는 당시의 주요 개혁가들에게서 칭송을 받았다. 그러나 그녀는 그저 조용히 자신의 일을 열심히 해 나갔다. 굿은 '진주'라는 뜻의 이름을 가진 마르가레트에 관해 이렇게 회상한다. "그녀는 값진 진주를 발견했을 뿐만 아니라, 경건과 선행의 모범이 된 그녀 자신이 곧 진주였다."

그녀의 믿음과 거기서 흘러나오는 선행은 참으로 그 도시에 복이 되었다. 그녀는 가난한 아이들에게 글 읽기를 가르쳤고, 과부와 고아들을 찾아다니면서 그들을 위로했다. 암브로스는 목사로서 교회를 개혁했고, 토마스는 시장으로서 도시를 이끌었으며, 마르가레트는 온 도시를 다니면서 사

---

5) Martin Bucer to Margarethe Blaurer, August 31, 1531, in *Martin Bucer Briefwechsel/Correspondence Band VI*, 93.

랑으로 섬겼다.

여성들의 공동체라고는 수녀원밖에 없었던 그 시절에, 그녀는 그것을 대신할 새로운 개신교 여성 단체를 설립하여 병든 이들을 돌보았다. 그리고 1541년에 전염병이 창궐하자, 그녀는 목숨을 걸고 아픈 이들을 위해 힘써 수고하였다.

그녀의 오빠 암브로스는 1541년 11월 5일에 불링거에게 편지를 보내, 전염병이 온 도시를 휩쓸어 어른은 물론 어린아이들의 생명도 수없이 희생되었다고 전했다. 그리고 편지 말미에서는, 자기 생명을 아끼지 않고 전염병에 걸린 사람들의 집을 매일같이 방문하는 여동생을 일컬어 "우리 교회의 여자 대집사(arch deaconess)"[6]라고 표현하였다. 요즘이었다면 오히려 돌봄이 더 많이 필요했을 젊은 나이의 마르가레트는 수년간 이렇게 아픈 이들을 돌보았다. 암브로스는 여동생이 얼마나 위험한 상황에 처해 있었는지를 잘 알았다. 그래서 편지를 끝맺으면서, 주님께서 "우리의 유일한 위로"인 마르가레트를 데려가시지 않기를 기도해 달라고 불링거에게 부탁했다.[7]

그러나 주님은 그 기도를 들어주지 않으셨다. 마르가레트는 1541년 11

---

6) 역자주 - arch deacon은 주로 주교(bishop)와 일반 사제(clergy) 사이에 있는 직분을 가리키며, 로마 가톨릭이나 정교회에서는 부주교, 성공회에서는 총사제 등으로 다양하게 번역된다. 그러나 본 서에는 종교개혁의 맥락과 마르가레트가 했던 일의 성격을 반영하여, 개혁 교회 안에서 일반적으로 자비의 봉사를 담당하는 성경적 직분을 가리키는 집사(deacon)라는 명칭으로 번역했다.

7) Ambrose Blaurer to Heinrich Bullinger, November 5, 1541, in Ambrose Blarer and Thomas Blarer, *Briefwechsel der Bruder Ambrosius und Thomas Blaurer, 1509-1548, Band Ⅲ* (Stuttgart: Freiburg i. Br., 1910), 90,91.

월 15일, 마흔일곱 살의 나이로 세상을 떠났다. 11월 30일에 암브로스는 불링거에게 편지를 보내, 교회의 가장 신실한 여자 집사를 잃었고, 이로 인해 "온 도시가 애도의 물결로 가득 찼다"고 전했다.[8] 불링거는 답장하여, 여동생을 "빼앗긴" 오빠의 슬픔을 나누며 주님 안에서 위로를 전했다.[9] 그 밖에도 여러 사람들이 불링거와 더불어 암브로스의 상실감을 함께 느끼며 그를 위로했다.[10]

암브로스는 마르가레트의 죽음을 보면서 기독교인의 소망이 가득 담긴 찬송을 지었다. 이는 개혁가들이 지은 가장 초기의 찬송 중 하나였다. 암브로스는 자신의 재능을 사용하여 자기 자신과 교회를 위로하였다.

마르가레트가 그때 세상을 떠난 것은 오히려 그녀에게 은혜였다. 하나님의 긍휼하심 덕분에, 그녀는 몇 년 후에 개혁자들이 콘스탄츠에서 쫓겨나 스위스로 도피해야 하는 상황을 겪지 않을 수 있었다. 끔찍한 핍박의 폭풍이 불어 닥칠 때, 그녀는 하늘에서 주님과 함께 평안히 거했다. 암브로스는 지금까지도 뷔르템베르크의 사도라 일컬어지며, 마르가레트는 가히 콘스탄츠의 자비의 천사라고 불릴 만하다.

---

8) Ambrose Blaurer to Heinrich Bullinger, November 30, 1541, in Blarer and Blarer, *Briefwechsel der Bruder Ambrosius und Thomas Blaurer*, 93. 암브로스는 가까웠던 불링거에게 자신의 슬픔을 여러 번 표현했다.

9) Heinrich Bullinger to Ambrose Blaurer, December 10, 1541, in Blarer and Blarer, *Briefwechsel der Bruder Ambrosius und Thomas Blaurer*, 94.

10) Bonifacius Wolfhart, Conrad Hubert, Rudolf Gualther, in Blarer and Blarer, *Briefwechsel der Bruder Ambrosius und Thomas Blaurer*, 98-111.

5

마르그리트 드 나바르

(Marguerite de Navarre)

마르그리트 드 나바르는 최초로 왕녀로서 종교개혁에 가담한 인물이었다.[1] 왕족들은 종교개혁이 처음 싹을 틔운 시기부터 성경의 교리를 접할 수 있었다. 프랑스의 종교개혁은 마르그리트에게 빚을 많이 졌다. 그녀의 영향력과 비호가 없었다면 프랑스 교회는 빛을 보지 못한 채 짓밟혔을 것이기 때문이다. 마르그리트의 영향력과 노력이 있었기에, 그녀의 후손들이 프랑스의 종교개혁을 더욱 발전시킬 수 있었다.

그녀는 1492년 4월 2일에 앙굴렘(Angoulême)에서 태어났다.[2] 그녀의 남

1) 나바르는 현재의 프랑스 접경 지역에 있는 스페인 자치 지역으로, 피레네 산맥 서쪽에 자리 잡은 작은 왕국이었다.

2) 그녀를 나바르의 마르그리트(Marguerite of Navarre, 1135년경-1183년)나 나바르의 왕비이자 여성 작가인 마르그리트 드 발루아(Marguerite de Valois, 1553년-1615년)와 구별하기 위해, 마르그리트 드 앙굴렘(Marguerite de Angoulême)이라고도 부른다.

동생인 프랑수아(François)는 왕위 계승자였으며, 마르그리트는 동생과 함께 훌륭한 교육을 받았다. 당시에는 설령 형제자매라 해도 여자아이가 남자아이와 함께 교육을 받는 일이 흔하지는 않았지만, 마르그리트는 이 교육을 통해 많은 것을 배웠다. 그녀는 프랑스어, 스페인어, 영어, 히브리어, 라틴어에 능통했고, 이탈리아어와 독일어도 어느 정도 할 수 있었으며, 철학과 역사, 문학, 그리고 신학도 공부했다.[3)]

1509년, 열일곱 살이 된 그녀는 알랑송(Alençon) 공작 샤를(Charles)과 결혼했다. 샤를은 악한 사람이었으며, 마르그리트보다 몇 살 더 많았지만 외모나 실력이나 경건 등 모든 면에서 아내에게 미치지 못하였다. 그들의 결혼은 정략적으로 이루어졌으며, 16년 동안 그들 사이에는 자녀가 단 한 명도 없었다. 아마도 이 기간에 마르그리트가 복음적인 설교를 듣고서 다른 사람들과 그에 관해 토론하며 비로소 구원에 이르는 믿음을 가지게 된 것으로 보인다.[4)]

프랑스의 왕이 된 프랑수아 1세와 마르그리트는 서로에게 하나뿐인 동기간이었기에 그들은 유달리 가까웠다.[5)] 게다가 프랑수아의 아내인 클로

---

3) Carol Thysell, *The Pleasure of Discernment: Marguerite de Navarre as Theologian* (Oxford: Oxford University Press, 2000), 6.

4) 마르그리트는 복음적 신비주의로 기울어 있던 브리코넷(Briconnet) 주교에게서 신학적인 영향을 많이 받았지만, 이후에 성경을 읽고 개혁주의 목사의 영향을 받아 신앙을 단련하였다. 그녀의 글을 보면, 예레미야서가 그녀의 회심에 큰 계기가 되었음을 알 수 있다. Marguerite de Navarre, "Mirror of the Sinful Soul," in *Selected Writings*, ed. and trans. Rouben Cholakian and Mary Skemp (Chicago: University of Chicago Press, 2008), 113.

5) 칼빈이 『기독교 강요』를 헌정했던 바로 그 프랑수아 왕이다.

드(Claude)가 오랫동안 병을 앓고 있는 바람에, 마르그리트는 그녀 대신 궁정에 나가 손님을 맞거나 여러 가지 일을 처리하는 등 프랑수아를 위하여 종종 왕비의 역할을 하곤 했다. 클로드가 죽은 후에 마르그리트는 프랑수아의 두 딸을 자기 자녀처럼 길렀다.

한번은 누군가가 프랑수아에게 마르그리트가 개신교로 기울고 있다고 불평했다. 그러자 그는 이렇게 대답했다. "당신의 말이 사실이라 해도 나는 그녀의 길을 막지 않을 것이오. 왜냐하면 나는 그녀를 너무나 사랑하기 때문이오." 그는 마르그리트를 비난하는 사람들에게 이렇게 말하기도 했다. "나의 누이 마르그리트는 내가 아는 한 그 어떤 악함도 섞이지 않은, 온전한 미덕과 기품을 지닌 유일한 여성이오."

그리하여 마르그리트는 로마 가톨릭 법정에서 그리스도에 대해 외칠 수 있었고, 그녀의 영향으로 많은 귀족들이 종교개혁에 가담하게 되었다. 개신교를 전파하고 수호할 수 있는 위치에 있었던 그녀는, 프랑수아가 유럽에서 개신교를 지켜 낼 힘이 되어 주기를 바랐다.[6]

그러나 프랑수아는 재위 초기부터 개신교를 위험하게 여기기 시작했고, 개혁에 앞장서는 사람들을 잡아들였다.

언젠가 마르그리트가 파리를 떠나 있을 때, 대학에서 그녀와 함께 공부했던 친구가 체포되었다. 그는 길거리에서 군중에게 둘러싸인 채 끌려가

---

6) 마르그리트는 정죄 받은 개신교인들을 위해 탄원했을 뿐만 아니라, 수녀원을 개혁하려고도 했다. 여기서 우리는 로마 가톨릭의 문제점들을 바로잡고자 하는 그녀의 복음적 관심사를 비롯하여, 이런 시설들을 유용하게 사용하는 일이 필요하다고 믿었던 그녀의 마음도 엿볼 수 있다. Susan Broomhall, *Women and Religion in Sixteenth-Century France* (New York: Palgrave MacMillan, 2006), 21,28,56,57,79.

감옥에 갇혔다. 감옥은 비좁고 어두웠으며, 바닥 곳곳에 물이 고여 있었다. 앉을 만한 공간도 없어서, 몸을 웅크린 채 축축한 돌벽에 등을 기대고 있을 수밖에 없었다. 그는 며칠 동안 빛도, 신선한 공기도 없이 음식도 먹지 못한 채 그곳에 갇혀 있었다.

그러던 어느 날, 갑자기 감방의 문이 열리고 그가 풀려났다. 그는 그것이 마르그리트가 한 일임을 알았다. 그가 비틀거리면서 파리의 거리를 걷는 동안 어느 누구도, 심지어 그의 옛 친구들조차 그에게 말을 걸거나 그를 도우려 하지 않았다. 모두들 핍박을 받게 될까 봐 두려웠기 때문이다. 그는 궁전으로 가기로 결심했다. 그는 성문 앞에 거지처럼 서서 마르그리트에게 자신의 상황을 설명하는 편지를 썼다. 그녀는 즉시 그를 데려오라고 명령했다.

그가 궁전의 응접실에 들어서자 머리부터 발끝까지 말 그대로 프랑스 귀부인의 자태를 풍기는 그녀가 있었으며, 곁에는 각국의 대사들과 하인들이 모여 있었다. 그녀는 일어나 친구를 맞이하면서 그 자리에 있는 사람들에게 그를 소개했다. 그러고는 모든 것이 잘 갖추어진 편안한 방으로 그를 안내했다. 아마도 그녀는 파리로 돌아오자마자 친구가 수감되었다는 소식을 듣고는 동생에게 그를 풀어 달라고 눈물로 호소했을 것이다. 그리고 프랑수아는 차마 그녀의 부탁을 거절할 수 없어서 그를 풀어 주라고 허락하였을 것이다.

그 이후에 개신교 시인이자 마르그리트의 시종이었던 클레망 마로(Clément Marot)가 체포되었다. 감옥에 있는 동안 그는 시를 썼고, 마르그리트의 도움으로 이내 풀려나게 되었다. 만약 그녀가 그를 놓아주기 위해 힘쓰지 않았더라면, 프랑스 개혁 교회는 큰 손실을 입었을 것이다. 그가 시편을 프랑스어로 번역했고, 프랑스 개혁 교회가 그 후로 몇 세기 동안 그 시편을 노래했기 때문이다.

프랑스의 귀족들 중 학식이 가장 깊은 루이 드 베르킨(Louis de Berquin)도 복음적인 사상으로 인하여 1523년에 체포되었다가 마르그리트의 도움으로 풀려났다. 그리고 2년 후에 그는 다시 체포되어 심문을 받았다. 로마 가톨릭이 자신들의 의식을 따르지 않으면 살려 주지 않겠다고 협박했으나, 그는 "나는 일점일획도 양보할 생각이 없소"라고 대답했다. 그는 이 일로 화형을 당하리라 생각했지만, 마르그리트의 도움으로 1526년에 자유를 얻게 되었다. 그러나 1529년, 그는 자신의 신앙을 굽히지 않고 세 번째로 체포되어 감옥에 갇혔다. 마르그리트는 한 번 더 그를 풀어 주기 위해 온 힘을 다 쏟았지만, 이번에는 소용없었다. 프랑수아가 공개적으로 허용할 수 있는 선은 여기까지였다. 결국 루이는 1529년 4월 22일에 순교했고, 마르그리트는 큰 슬픔에 빠졌다.

마르그리트는 슬픔 가운데서도 조국에 복음의 진리를 전하고자 애썼고, 복음주의 설교자인 자크 르페브르(Jacques Lefèvre)처럼 다른 나라로 피신해 있던 프랑스의 개혁자들을 다시금 데려오려고 했다. 그녀는 동생에게 청원했고, 그는 당분간 그들의 귀국을 허용했다. 이때 멜랑흐톤도 프랑스를 방문하도록 허락받았다. 마르그리트는 박해를 받는 것도, 박해받는 사람들과 교제하는 것도 두려워하지 않았다.

마르그리트는 외교 수완도 좋았는데, 프랑수아는 이에 경탄을 금치 못했다. 1525년 2월, 스페인의 카를 5세는 전쟁 중에 프랑수아를 사로잡아 포로로 끌고 갔다. 그러자 마르그리트는 스페인으로 가서 동생의 석방을 위하여 협상하며, 풀려날 때까지 곁에서 그를 돌보았다.[7] 그녀가 궁정의 일을 도우면서 지내는 동안, 귀빈을 접대하는 예절뿐만 아니라 국제 관계에 대해서도 많은 것을 배운 터였다.

마르그리트의 남편인 샤를 공작은 프랑수아가 포로로 끌려갔던 전쟁에서 사망하였다. 혼자가 된 마르그리트는 그해에 나바르의 왕인 앙리 달브레(Henri d'Albret)와 결혼하였다. 결혼식은 화려했으나, 그들의 결혼 생활은 그렇지 못했다. 그녀는 새로운 삶을 위해 파리를 떠나 네락(Nerac)으로 향했고, 홀로 남은 프랑수아는 더 이상 마르그리트와 함께 나라를 다스릴 수 없게 되었다. 마르그리트와 앙리 사이에는 자녀가 둘 있었지만, 한 명은 아기일 때 세상을 떠났다.

그녀는 영혼의 반려자인 그리스도에 관해 간결하고도 감동적인 언어로 글을 썼는데, 그 글을 보면 마르그리트의 마음이 더 나은 혼인을 향해 있었음을 알 수 있다.

주님, 언제나 그 축제의 날이 오려나요.
간절히 기다립니다.

---

7) Thysell, *Pleasure of Discernment*, 7.

내가 높이 들어올려져
당신의 곁에 앉겠지요.
그 혼인의 기쁨과 환희에
내 모든 것이 오롯이 드러납니다.[8)]

앙리가 통치하는 왕국에는 아직 종교개혁의 교리가 전파되지 않았다. 그래서 마르그리트는 몸소 본을 보이며, 자신의 영향력으로 개혁의 가르침을 전하기 시작했다. 로마 가톨릭 신자인 남편은 그것을 기뻐하지 않았다. 그리하여 결국 터질 것이 터지고 말았다.

마르그리트는 자신이 마련한 장소에 르페브르나 루셀(Roussel) 등의 설교자를 초청하여 비밀리에 개신교 예배를 드리곤 했다. 어느 날 마르그리트는 궁전의 테라스 아래 박하(Mint)라고 불리는 지하실에서 성찬을 기념했다. 그녀의 하인들은 조용히 이곳으로 탁자를 가져와 흰 천으로 덮고는 그 위에 빵과 포도주를 배설하였다. 마르그리트는 성에 사는 다른 개신교인들과 함께 성찬에 참여했다.

최대한 비밀스럽게 성찬식을 거행하였으나, 그 소식이 왕에게까지 알려지고 말았다. 그는 사냥을 하다가 '지하실에서 열린 금식' 소식을 듣고서 매우 불쾌해했다. 그는 마르그리트가 어디에 있는지를 물었고, 그녀가 설

8) 다음을 참고하라. Roland H. Bainton, *Women of the Reformation in France and England* (Minneapolis: Fortress, 2007), 37; de Navarre, "Mirror of the Sinful Soul," in *Selected Writings*, 87-89,93,103, 107,111.

교자를 불러와 지하실에서 예배하고 있다는 말을 듣고서 그리로 갔다. 예배를 인도하던 목사와 다른 사람들은 이것을 미리 알고서 자리를 피했고, 마르그리트만이 남아서 하인들과 함께 왕을 맞았다.

앙리는 그녀의 신학적 입장과 순응하지 않는 태도에 화가 머리끝까지 치밀어 그녀의 뺨을 때리며 이렇게 말했다. "부인, 당신은 너무 많은 것을 알고 있소." 도저히 그냥 넘겨 버릴 수 없는 치욕을 당한 마르그리트는 동생에게 이 사실을 알렸다. 프랑수아는 다른 사람이 자기 누이를 때렸다는 소식에 참을 수 없어 하면서 즉시 나바르를 향해 선전포고를 하고는 출정했다. 이 소식을 들은 앙리는 겁에 질렸고, 아내에게 용서를 빌었다. 그는 진심으로 뉘우치며 개혁주의 예배를 허락하고, 자신도 종교개혁의 교리를 읽겠노라고 약속했다. 그리하여 전쟁을 피할 수 있었고, 앙리도 자신의 약속을 지켰다. 마르그리트의 신앙은 더욱 자라 갔다.

누군가가 그대에게
다른 어떤 곳에서 위로를 찾을 수 있다고 한다면,
유일하신 하나님이 아니라 다른 곳에 참된 구원이 있다고 한다면,
그것은 그대의 영혼을 파멸하려는 것이오.
흔들리지 말고 굳게 서 있으시오.[9]

9) Marguerite de Navarre, "Song," in *Selected Writings*, 289.

그러나 누이를 사랑하는 마음도 프랑수아의 신앙을 바꾸지는 못했다. 특히 그는 철저한 로마 가톨릭 도시인 마드리드의 궁전에서 지내는 동안 결정적인 영향을 받게 되었다. 그는 돌아오자마자 개신교 서적을 금지했고, 마르그리트의 개신교인 친구들이 궁정으로 들어오지 못하도록 신경을 썼다. 베인튼(Bainton)은, "그녀는 하나님의 뜻을 따라 교회를 개혁하고자 한 반면, 프랑수아는 자신의 통치를 위해 교회를 개혁하고자 했다"[10]라고 말한다. 마르그리트는 놀라움과 비탄 속에서 시를 더 많이 썼다.

오, 나의 제사장, 나의 대언자, 나의 왕이시여,
나의 생명과 나의 모든 것을 누구에게 의탁하리요.
오, 주님, 처음 진노의 잔을 비우고 그 맹독을 경험하시니,
어느 인생이 그것을 알리요.
그 가시가 얼마나 날카로운지, 그 상처가 얼마나 깊은지.
구원자, 친구, 왕이시여, 오, 원컨대 나의 호소를 들으소서.
내가 쓰러지지 않도록 말씀하시고, 도우시고, 나를 구원하소서.

1528년, 마르그리트는 프랑스에서 딸 잔(Jeanne)을 낳았다. 그런데 1530년, 프랑수아는 그 아이를 누이의 개신교 사상에 물들지 않은 로마 가톨릭의 공주로 키우려고 빼앗아 갔다. 그리하여 그녀는 신앙 때문에 하나뿐

---

10) Bainton, *France and England*, 14.

인 아이를 잃고 말았다.[11] 마르그리트는 자신의 신앙을 공개적으로 지켜내기 위해 너무나 큰 대가를 치러야 했던 것이다. 그러나 그녀는 슬퍼하면서도 교회 개혁을 위한 헌신을 포기하지 않았다.

1533년에 그녀는 자신이 쓴 신앙시들을 묶어 '죄 많은 영혼의 거울(*The Mirror of the Sinful Soul*)'이라는 제목의 책으로 출판하였다. 그리하여 그녀는 개신교 최초의 여성 시인이 되었다. 이 책은 "내 속에 정한 마음을 창조하시고"(시 51:10)라는 말씀에 대한 주석이다.[12] 여기에는 죄를 사하기 위한 그리스도의 위대한 희생과 영혼이 그리스도와 연합하는 것에 대한 그녀의 묵상이 담겨 있다. 마리아에게 존경을 표하는 비성경적인 모습에서 여전히 로마 가톨릭의 색채가 드러나기는 하지만, 구원이 오직 그리스도를 통해 이루어진다는 이해가 분명히 나타난다.

어디 그뿐인가, 그 누구도 나를 송사할 수 없네,
오직 예수 그리스도 외에는.
……그분께서 친히
하나님 앞에서 나의 대언자가 되셨고, 그가 가진 모든 것을 베푸사

---

11) 특별히 영향력 있는 개신교 가정의 아이들을 빼앗아 로마 가톨릭교도로 자라게 하는 일이 갈수록 많아졌다. 이후에 위그노 목사였던 장 클로드(Jean Claude)는, 이 일 때문에 수많은 프랑스 개혁교인들이 저지대 국가들로 탈출하게 되었다고 기록한다. "그들은 모두 양심을 억압당하는 것과 아이들이 납치되는 것을 바라보아야 하는 공포와 정의도 없고 자비도 없는 땅에서 살아야 한다는 두려움으로 인해 탈출을 생각하게 되었다." David van der Linden, *Experiencing Exile: Huguenot Refugees in the Dutch Republic, 1680-1700* (Farnham, U.K.: Ashgate, 2015), 15에서 인용.

12) De Navarre, *Selected Writings*, 73.

내 빚을 다 갚아 주셨네.
……향기로운 예수님……이곳에 오셔서
나를 위해 대언하시고 나를 용서하셨네,
당신께서 나를 고소해야 할 이곳에서.[13)]

로마 가톨릭의 여성 작가들에게서 전형적으로 보이는 바대로, 신비주의가 드러나고 하나님의 말씀에 대한 경외심이 두드러지지 않았던 그녀의 초기 작품과는 다르다.

로마 가톨릭은 그녀의 책에 매우 분개했고, 어떤 학생들은 마르그리트를 조롱하는 풍자적 희곡을 써서 공연하기도 했다. 소르본(Sorbonne) 대학의 신학 교수들은 그녀의 책을 복음적이다 못해 심지어 '루터교적'이라고 정죄했다.[14)] 이렇게 위협적인 비난을 맞닥뜨리면서도, 마르그리트는 단념하지 않고 계속 글을 써 나갔다. 프랑수아는 교수들의 비판을 멈추게 했지만, 그가 공개적으로 개신교에 개입함으로써 오히려 남매 사이가 갈라지게 되었고, 서서히 그 간극이 더 넓어지고 말았다.

다음 해 가을, 로마 가톨릭의 미사를 풍자하는 모욕적인 벽보들이 파리 곳곳에, 심지어 궁전에까지 나붙었다. 익명의 공격이 도를 넘자, 위그노 교회를 향한 프랑수아의 마음은 더욱 완고해졌고, 결국 모든 '이단'들을 처

---

13) De Navarre, "Mirror of the Sinful Soul," in *Selected Writings*, 91,135.

14) Thysell, *Pleasure of Discernment*, 3. 종교개혁 초기에는 로마 가톨릭에서 개신교를 주로 "루터교"라고 표현했다.

형하라고 명령했다.[15] 마르그리트는 이제 더 이상 자신의 힘으로 개신교의 발전을 도모할 수 없다는 사실을 깨닫고서 그것을 지켜 내기 위해 노력했다.

프랑수아는 계속 개신교를 박해하면서도 마르그리트가 파리에 있을 때에는 누이를 존중하는 뜻에서 개신교인들을 처형하지 않았다. 로마 가톨릭이 그녀를 죽이려고 음모를 꾸몄으나, 그녀는 자신의 지위 덕분에 안전하게 보호받을 수 있었다. 그러나 다른 사람들을 위한 마르그리트의 호소는, 더욱 확고하게 로마 가톨릭으로 향해 가는 프랑수아의 마음을 누그러뜨릴 수 없었다.[16] 프랑스 개혁 교회를 향한 박해는 온 나라로 더욱 맹렬하게 퍼져 나갔다. 하나님은 이러한 때를 대비해 개신교인들이 프랑스를 떠나 안전하게 도피할 수 있도록 나바르를 피난처로 준비해 두셨다. 회심한 사제들과 고위층 사람들, 그리고 평민 계층의 개신교인들은 국경을 넘어 나바르로 피신했다.

마르그리트는 네락에 있는 자신의 궁전으로 위그노 지도자들을 맞아들였다. 그녀가 마련한 식사 자리에서 그들은 성경 말씀에 관해 토론했으며, 이 나바르의 왕비는 기쁜 마음으로 그 토론을 경청했다. 칼빈을 비롯한 개혁자들은 그곳에서 안전하게 머물렀다.[17]

---

15) Thysell, *Pleasure of Discernment*, 8. 이 칙령으로 인해 존 칼빈이 프랑스를 떠났다.

16) Bainton, *France and England*, 29.

17) Thysell, *Pleasure of Discernment*, 3. 많은 사람들이 그곳으로 피난을 왔는데, 그중에는 신학적으로 의심스러운 입장을 가진 이들도 있었다. 개혁자 베자는 이것을 왕비가 마르그리트 드 포레트(Marguerite de Porete)의 글을 읽은 후에 이단 사상에 빠져든 징후로 여겼다. 드 포레트는 성별에 따른 역할뿐만 아니라

르페브르도 그중 한 사람이었으며, 생애 마지막을 그곳에서 보냈다. 모두가 함께 즐겁게 식사하고 있는데, 르페브르의 안색이 좋지 않았다. 마르그리트가 그 이유를 물었다. 그러자 그는, 자신이 곧 죽어 창조주를 뵙게 될 것인데, 비록 순결하게 살아왔으나 지금은 이렇게 박해를 피해 도망 와 있는 신세이고, 목숨을 버리면서까지 성경의 가르침을 따르며 담대히 개신교를 주장했던 많은 이들과 달리 한 번도 로마 가톨릭을 공개적으로 부인한 적이 없다고 말했다. 그 말을 들은 왕비가 그를 위로했고, 그는 평안을 얻었다. 그러고는 그녀를 자신의 유언을 실행해 줄 사람으로 지명했다. 유언의 내용이 무엇인지 묻자, 그는 이렇게 답했다. "내가 가진 모든 것을 가난한 사람들에게 나누어 주는 것입니다." 마르그리트는 다음과 같이 응답했다. "그 일을 내가 맡지요. 내 남동생이 프랑스 왕국을 전부 내게 맡긴다 해도 이보다 값지지는 않을 것입니다."

이 말을 들은 후 르페브르는 잠자리에 들었고, 다시 깨어나지 않았다.

당시에 종교개혁에 몸담았던 수많은 귀족 여성들이 그러했듯이, 마르그리트도 칼빈과 편지를 주고받았다. 그녀는 칼빈의 글과 사상과 조언을 높이 샀지만, 평민 출신의 목사가 지나치게 책망을 퍼부을 때에는 몹시 언짢아하기도 했다. 특히 '영적 방탕주의자들에 대한 반박(Treatise against Spiritual Libertines)'이라는 논문에서 칼빈이 네락에 피신해 있던 어떤 사람들을 너무 가혹하게 비판한다고 생각했다. 그녀는 이런 자신의 생각을 칼빈

정통 교리의 선을 무너뜨리는 글을 썼다. 칼빈은 왕비의 상태가 퇴보하고 있다고 보았다. Thysell, *Pleasure of Discernment*, 19,21.

에게 전했다.

칼빈은 답장을 보내, 궁정에서 그녀를 보필하는 사람들이 그녀의 영적 건강을 해칠까 봐 두렵다는 뜻을 부드럽게 피력했다.[18] 마르그리트가 오직 그리스도를 유일한 구원자로 믿고 그 믿음을 위하여 고난받기를 두려워하지 않은 것은 사실이지만, 그녀에게는 여전히 철저한 가르침이 필요했다.

1547년에 프랑수아가 죽자 마르그리트는 깊은 슬픔에 젖었고, 그 비애를 다음과 같이 표현했다. "주님, 그의 비참한 죽음 앞에서 제게 은혜를 베푸사 복된 소식을 듣게 하소서."[19]

같은 해에 그녀는 '어린양의 승리(*The Triumph of the Lamb*)'라는 책을 출간했다. 이 책은 타락과 구속, 그리고 영광에 이르는 것에 관해, 특히 그리스도의 성품과 사역에 관해 논한 한 편의 긴 시이다. 16년 전에 그녀가 처음 출판했던 내용과 비교하면, 성경에 관한 그녀의 지식이 크게 성장한 것을 볼 수 있다.

또한 여기서는 의지의 속박을 비롯하여 예정 및 주일에 관한 수많은 위그노의 교리를 다루는데, 그녀가 회심한 후에 개신교의 정통 교리로 가까이 가고 있었음을 분명히 보여 준다.[20]

---

18) Thysell, *Pleasure of Discernment*, 9. 타이셀은 마르그리트가 마리 덴티에르(Marie Dentiere)의 격려에 힘입어 칼빈에게 답하는 글을 썼다고 믿는다. 마르그리트는 칼빈의 주장보다는 좀 더 관대하고 외적으로 더욱 통일성을 갖춘 개신교를 원했고, 이런 '미묘한' 관점을 자신의 글 *Heptameron*(헵타메론)에 제시하였다. 다음을 보라. Thysell, *Pleasure of Discernment*, 10-17. Marie Dentiere, *Epistle to Marguerite de Navarre and Preface to a Sermon by John Calvin* (Chicago: University of Chicago Press, 2004).

19) De Navarre, "Song," in *Selected Writings*, 295.

20) Marguerite de Navarre, *The Triumph of the Lamb*, in *The Coach and the Triumph of the Lamb*, trans.

그녀는 죄 사함을 위해 그리스도가 드린 단 한 번의 희생 제사를 다음과 같이 표현했다.

반복할 필요 없네.
하나님께 드리는 것, 한 번이면 족하네.
그러하지 않다면,
죄를 지을 때마다 그분이 또 죽어야 하리.[21]

또한 이 책에서는 개인의 감정이나 주관적인 신앙 여정보다 실제 삶에서 나타나는 성경의 진리를 강조했다. 즉, 구원에 대한 성도의 감정적인 반응이 아니라 그리스도의 통치에 초점을 맞추었다. 그리고 구약의 말씀들을 풍성히 인용하여 구원의 기쁨을 충만히 표현했다.

마르그리트의 글에는 성경의 가르침에 대한 이해와 그것을 향한 사랑이 잘 드러난다. 뿐만 아니라 "동시대 지식인들의 토론에 여성들이 참여했음을 분명히 보여 주려는 의도"도 잘 나타난다.[22] 그리고 성경의 주제나 구절에 대한 상당히 직관적이고도 깊은 지식이 엿보인다.

어린양의 가죽 위에 남겨진 거룩한 말씀

Hilda Dale (Exeter, U.K.: Elm Bank Publications, 1999), 96,97.

21) De Navarre, *Triumph of the Lamb*, 107.

22) Broomhall, *Women and Religion*, 79.

선홍빛 피로 깊이 새겨지고
일곱 인으로 봉해진 그것을 이제 들려주시니
율법과 은혜가 하나 되었음을 깨달은 자라.[23)]

처음보다 구원에 대한 감사가 시들해진 것도, 복음에 대한 열정이 식은 것도 아니었다. 다만 마르그리트는 시에서 자기 자신에게 초점을 맞추기보다 점점 더 자신의 구원자와 그분의 교회에 초점을 맞추게 되었다.

마르그리트는 세상을 떠나는 날까지 조용히 개혁 사역과 교회를 지키는 일을 계속해 갔다. 죽기 몇 해 전에 그녀는 이런 글을 남겼다.

오, 나의 하나님, 죽음은 공평합니다.
죽음은 내게서 이 악취 나는 공기를 거두어 갑니다.
죽음으로 나는 경주에서 승리합니다.
죽음으로 나는 당신의 얼굴을 봅니다.
죽음으로 나는 당신과 하나가 됩니다.[24)]

그녀의 믿음은 죽음 앞에서 더욱 강해졌다. 어떤 이들은 그녀가 죽기 직전에 로마 가톨릭 의식을 따랐다고 말한다. 그러나 당시에 그녀가 쓴 편지들은 그녀가 가진 복음적인 신앙을 잘 보여 주었고, 이로 인해 로마 가톨

23) Marguerite de Navarre, "The Primacy of Scripture," in Bainton, *France and England*, 21.

24) Bainton, *France and England*, 26에서 인용.

릭은 격분했다.

1549년 12월 21일, 그녀는 소망 가운데 기뻐하며 구원자 예수님을 부르면서 비로소 세상을 떠났다. 그녀는 세상을 떠나기 몇 해 전에 이런 글도 남겼다.

> 믿음은 소망을 낳네. 불변의 진리에 대해
> ……감사하지 않을 수 없네.
> 내 것이 아닌 이 많은 복락,
> 하나님께서 그분의 마르그리트에게 주기로 하신 그 복락에 대해.[25)]

그녀는 자신이 한 일이 시작일 뿐이었음을 잘 알고 있었다. "나는 확신합니다. 하나님께서 나를 통해 시작하신 그 일을 계속 이어 나가실 것입니다. 또한 내게는 부족했던 열정과 정결한 용기를 지닌 내 딸이 나의 그 자리를 대신 채워 나갈 것입니다."

그녀의 마지막 소망은 그녀의 딸이 종교개혁을 위해 용감하게 싸움으로써 이루어졌다. 또한 훗날 그녀의 손자는 프랑스 왕이 되어 낭트 칙령을 반포함으로써 예배의 자유를 허락하였다. 비록 그녀는 그것을 살아서 보지 못했으나, 그녀의 자손들이 그녀가 닦아 놓은 터 위에 집을 세웠다.

---

25) De Navarre, "Mirror of the Sinful Soul," in *Selected Writings*, 147-149.

6

잔 달브레

(Jeanne d'Albret)

잔 달브레는 마르그리트 드 나바르가 남긴 유일한 혈육이었다. 교회를 지키려는 마르그리트의 노력이 종교개혁의 발판을 마련했다면, 잔은 교회를 위해 용맹하게 싸운 여전사였다. 마르그리트는 자신의 딸이 어떤 성품을 지녔는지를 잘 알았기에, 생을 마감하면서 그녀가 앞으로 교회를 위해 해야 할 일을 말해 주었고, 잔은 그 일을 잘 해냈다.

그녀는 어머니보다 더욱 용감하여 두려움 없이 종교개혁에 헌신하며 그것을 수호했다. 마르그리트의 신앙은 비교적 개인적이었고, 개인적으로 조용히 개혁의 일을 감당했다. 반면 잔은 공적이고도 총체적이며 담대한 신앙을 가졌다. 그녀는 체구가 작고 때때로 병약했으나 강인한 정신을 가졌으며, 하나님께서 왕이나 여왕에게 권한을 부여하셨다고 굳게 믿었다. 그러면서도 그녀는 자신만을 생각하지 않고, 교회의 개혁을 위해 살았다. 의

심이 많고 쉽게 화를 내기도 했으며 때때로 차가운 모습을 보이기도 했지만, 하나님은 그녀의 거친 성격을 사용하여 더 큰 선을 이루셨다.

잔은 1528년 1월 7일에 퐁텐블로 궁(Château de Fontainebleau)에서 태어났으며, 부모와 떨어져 프랑스에서 자랐다. 마르그리트의 동생인 프랑스 왕 프랑수아 1세가 잔을 직접 통제하려 했기 때문이었다. 프랑수아는 마르그리트가 없는 가운데서, 그리고 유럽 전역에서 더욱 뚜렷하게 나타나는 교회의 분리를 목도하면서, 종교개혁에 더욱 적대적으로 변해 갔다. 심지어 그는 메린드롤(Merindrol)에서 왈도파(Waldensian)의 학살을 허락하기도 했다.

잔은 로마 가톨릭의 영향 아래서 자란 까닭에 개신교 신앙을 접할 기회가 없었다. 그러나 얼마 지나지 않아 프랑수아는 그녀가 자기만의 분명한 뜻을 가진 것을 알게 되었다. 잔이 태어난 지 석 달도 채 되지 않았을 때, 스페인 왕이 그녀를 자기 아들과 결혼시키자고 제안했다. 그런데 잔이 열두 살이 되었을 무렵, 프랑수아는 돌연 그 제안을 거절하고 독일의 루터파 공작인 율리히 클레베 베르크(Jülich-Kleve-Berg)의 빌헬름(Wilhelm)과 정략결혼을 시키려고 했다. 그러나 잔은 이러한 결혼을 완강하게 거부했다. 왕은 놀라지 않을 수 없었다. 프랑수아는 잔의 부모에게 그녀를 설득해 달라고 요청했다. 그러나 그들이 아무리 어르고 달래도, 심지어 체벌까지 해봐도(채찍질을 당했다는 소문도 있다) 그녀는 요지부동이었다.[1)]

---

1) 잔의 어머니인 마르그리트는 처음에는 프랑수아의 결정에 반대했지만, 결국 그 결혼에 동의했다. Thysell, *Pleasure of Discernment*, 13.

그러나 왕의 마음은 변하지 않았고, 그녀는 공작과 결혼해야만 했다. 그래서 잔은 자구책을 마련했다. 그녀는 이 결혼에 대한 항의서를 두 통 작성하여 증인들의 서명을 받아 정식으로 제소했다. 그러나 결국 1541년에 그녀는 강제로 결혼식장에 들어서게 되었다. 그녀가 계속 거부하는 바람에 그녀를 들어 식장의 단상으로 옮겼지만, 그녀는 식이 끝나는 순간까지 그 결혼을 거부했다. 그 후에 공작은 전쟁에 나가게 되었고, 잔은 어머니와 함께 집으로 돌아가도 좋다는 허락을 받았다. 하나님께서 잘못된 결혼을 사용하여 이 고집 센 공주를 개혁신앙의 길로 인도하신 것이다.

얼마 지나지 않아 프랑수아 1세와 공작은 서로 등을 돌리게 되었다. 그리고 그로부터 4년 후에 교황은 잔이 항의서를 제출했던 것과 결혼식 선서가 제대로 이루어지지 않았던 것에 근거하여 그녀의 결혼을 무효화했다. 그리하여 잔은 다시 미혼이 되었다. 그리고 그때 그녀는 개신교인이 되어 있었다.

잔이 이십 대 초반이 되었을 무렵에 또 다른 사람들이 그녀에게 청혼했다. 그중에는 부르봉(Bourbon)의 왕자이자 방돔(Vendôme)의 공작인 앙투안(Antoine)이 있었다. 잔은 그 청혼을 받아들였다. 그녀의 입장에서 이 결혼은 연애결혼이었다. 알려진 대로 앙투안은 혼외 자녀를 두었는데, 나바르의 왕이 되기 위해 잔과 결혼한 것처럼 보인다.[2)]

둘은 1548년 10월에 결혼식을 올렸고, 처음 몇 해 동안 행복한 결혼 생

---

2) Roelker, *Queen of Navarre*, 80.

활을 이어 갔다. 적어도 앙투안의 바람기와 신학이 두 사람을 갈라놓기 전까지는 그러했다. 그들은 다섯 명의 자녀를 두었는데, 그중 앙리(Henri)와 카트린(Catherine) 둘만이 살아남았다.[3)]

잔의 아버지가 죽자, 프랑수아 1세의 뒤를 이은 프랑스 왕은 산악 지대의 작은 왕국인 그녀의 나바르를 합병하고자 했다. 이 일을 계기로 잔은 비로소 여성 정치인으로서 자신의 능력을 드러내기 시작했다. 그녀는 군대를 일으켜 전쟁을 준비했다. 그런데 다행히도 싸움이 시작되기도 전에 프랑스 왕이 죽었고, 나바르는 위기를 넘기게 되었다.

잔은 어머니의 영향력 아래서 점점 칼빈주의에 대해 확신하게 되었다. 실제로 그녀의 신앙은 어머니보다 더욱 굳건해졌으며, 나중에는 오히려 마르그리트의 신앙이 우유부단하고도 나약해 보일 정도였다.

잔은 1559년에 여왕의 자리에 올랐으며, 1560년 12월에 왕국의 수도에서 백성들이 모인 가운데 종교개혁에 대한 자신의 신앙을 공적으로 고백했다. 그녀의 남편 앙투안 역시 개신교인으로 자처했으나, 정치적인 동기에서 비롯된 것일 뿐[4)] 신앙이 그리 깊지는 않았다.

잔의 개혁은 지하실에서 성찬을 기념하거나 위그노들을 감옥에서 풀어달라고 호소하는 데 그치지 않았다. 1563년경에 그녀는 칼빈주의를 나바르의 신앙으로 공인함으로써 로마 가톨릭 교회의 건물들을 허물거나 바

---

3) 셋째 아들은 그의 유모와 하인이 그를 던지고 받다가 열려 있는 창문 밖으로 떨어뜨려서 치명상을 입고 죽은 것으로 보인다. Roelker, *Queen of Navarre*, 102.

4) Bainton, *France and England*, 45.

꾸었으며, 로마 가톨릭의 의식을 금지했고, 수녀와 수도사들을 추방했다.[5] 물론 이 일은 한순간에 이루어지지 않았다. 잔은 아버지가 죽은 후에 몇 년 동안 상황을 분석하면서 계획을 세웠다.

1555년에 잔이 친구에게 보낸 편지에는 이런 내용이 담겨 있다. "개혁은 너무나 정당하고 필요한 일 같습니다. 나와 내 양심에, 그리고 내 백성에게 단호하지 못한 채 이런 모호한 상황을 계속 이어 가는 것은 하나님 앞에서 신실하지 못하며 비겁한 행동이라고 생각합니다."[6] 그녀에게 개혁은 그저 자신의 확신을 국가적으로 표현하는 것에 불과했다. 한 전기 작가는 이렇게 기록한다. "칼빈주의로 인해 그녀의 열정이 불타올랐고, 자신의 삶에서 흔들리지 않는 중심을 잡을 수 있었다."[7]

로마 가톨릭은 이러한 활동을 묵과할 수 없었다. 로마 교황은 그녀에게 질책하는 편지를 보냈다. 반면 개혁주의 진영에서는 제네바의 칼빈이 격려하는 편지를 보냈다. 프랑스에서 개신교에 가장 격렬하게 반대하던 왕비 카트린 드 메디시스(Catherine de Médicis)는 잔을 살해하려는 음모를 꾸미기도 했다.[8]

당시 앙투안은 프랑스를 섭정하느라 대부분의 시간을 아내와 떨어져

5) Roelker, *Queen of Navarre*, 266.

6) Jeanne d'Albret to le Vicomte de Gourdon, August 22, 1555, in Roelker, *Queen of Navarre*, 127.

7) Roelker, *Queen of Navarre*, 153.

8) 카트린 드 메디시스(1519년-1589년)는 이탈리아에서 막강한 권세를 가진 메디치 가문에서 태어났으며, 프랑수아 1세의 아들과 결혼하여 1547년에 프랑스의 왕비가 되었다. 그리고 1559년에 남편이 죽자 세상을 떠날 때까지 막대한 권력을 휘둘렀다.

있어야 했다. 그때 그가 외도한 사실이 공공연하게 알려졌고, 그는 프랑스 궁정의 바람둥이로 소문이 났다. 이 일로 잔은 너무나 큰 상처를 받았다. 왕궁의 한 신하는 그때의 상황을 이렇게 기록했다. "왕비께서 기력이 많이 없으셨는데도, 그분의 분노는 공포스러웠다."[9)]

나바르의 수도에 머물고 있던 그녀는 테오도르 베자(Theodore Beza)를 도와 당회를 제대로 구성한 개신교 교회를 세우고자 노력했다. 그리고 공개적으로 예배에 참석했으며, 개혁신앙이 대중들에게 긍정적으로 자리매김하여 파리의 많은 사람들이 회심할 수 있도록 돕는 등 선한 일에 온 힘을 쏟고자 했다.

로마 가톨릭도 똑같이 반격에 나섰다. 1561년 말에는 위그노 교회를 더욱 박해하기 시작했다. 죄수들을 풀어 주지 않고 교수형에 처했으며, 궁정의 개인 교사들 중 개신교인들을 쫓아냈고, 위그노의 재산을 파괴했다. 그리고 개신교 왕족인 잔을 개인적으로 공격하려 했다. 카트린 드 메디시스는 잔의 남편을 잔과 떨어뜨려 로마 가톨릭으로 되돌린 후에 나바르 왕국을 프랑스로 합병하려는 흉계를 꾸몄다. 당시 앙투안은 자신의 이익에만 눈이 멀어 있었고, 위그노의 정치적 세력은 저물어 가고 있었다. 따라서 그는 쉬운 미끼였다.

적의 함정에 빠진 앙투안은 개혁주의 신앙을 버렸다. 나중에 잔이 아들 앙리를 데리러 파리에 있는 앙투안을 방문했을 때, 그는 잔을 모멸적으로

---

9) Chantonay to Philip, September 4, 1561(?), in Roelker, *Queen of Navarre*, 163.

대했고, 카트린 드 메디시스와 힘을 모아 잔을 강제로 미사에 참여시키려 했다. 그러나 잔은 양심에 어긋나는 일을 하는 대신 이렇게 대답했다. "왕비여, 지금 이 순간 제 아들과 온 세상의 모든 왕국을 제 품에 안겨 주신다 해도, 제 영혼의 구원을 위태롭게 할 바에는 그 모든 것을 저 바다 깊은 곳에 던져 버리겠습니다."

잔이 복종하지 않자, 카트린과 앙투안은 그녀가 개인적으로 예배의 자리를 마련하는 것을 금지했다. 그러자 잔은 다른 개신교 영주의 지역으로 가서 예배에 참석했다. 이 문제로 인해 남편과 아내의 싸움은 갈수록 더욱 잦아졌다. 격하게 싸우는 소리가 궁전의 다른 사람들에게도 들릴 정도였다.[10] 이 소식은 제네바에까지 널리 알려졌다. 잔의 건강이 나빠지자, 칼빈은 그녀에게 편지하여 이렇게 말했다. "여왕께서 주요 공격 대상이 되신 것을 잘 알고 있습니다. 흔들리지 말고 굳게 서 있으십시오."[11]

잔의 대적들은 그녀를 모살하려 했는데, 어떤 이는 그녀를 성벽 밖의 센강(Seine)으로 내던져야 한다고 다그치기도 했다. 앙투안과 카트린은 결국 잔에게 프랑스를 떠나라고 명령했고, 앙투안은 아들을 자기 집으로 데려와 보수적인 로마 가톨릭의 보살핌과 지도 아래 두었다.[12] 잔은 앙리와 헤어지면서 아들을 그들에게 맡겨야 한다는 생각에 몸서리쳤지만, 아무것도 할 수 없었다. 잔은 아들에게 절대 미사에 참여하지 않겠다고 약속하게

---

10) Roelker, *Queen of Navarre*, 180.

11) Jean Calvin to Jeanne d'Albret, March 22, 1562, in Roelker, *Queen of Navarre*, 182.

12) Roelker, *Queen of Navarre*, 182.

했고, 만일 약속을 어기면 모자의 인연을 끊겠노라고 말했다.[13] 그리고 앙리는 그 약속을 지켰다.

남편이 프랑스의 편이 되었기 때문에, 잔이 나바르 땅의 권력을 되찾기 위해 돌아가는 길은 위험했다. 그러나 그녀는 200명 남짓의 적은 무리를 이끌고 담대하게 적의 영토를 지났고, 그 과정에 새로 무리에 합류하는 사람들도 있었다. 개혁주의 신앙을 가진 콩데(Condé)의 공작은 그녀가 하룻밤 묵을 수 있도록 그 도시에 수비진을 치고 공격을 막아 주었다. 3월 27일, 혹은 28일에 잔은 나바르로 피신하였다. 그녀는 밀사를 미리 보내 군대에게 마중 나오도록 요청했고, 중간 지점에서 그들과 합류하여 군대의 호위를 받으면서 안전하게 나바르로 갔다.

이 일은 잔이 겪은 여러 번의 아슬아슬한 도피 중 첫 번째 사건이었다. 그러나 그녀는 움츠러들기는커녕, 자신이 직면한 위험과 로마 가톨릭의 극단적인 배교를 알게 되어 더욱 당당하게 도전장을 내밀었다. 그녀의 남편은 나바르에서 개신교를 전하지 말라고 협박했으나, 그녀는 눈 하나 깜짝하지 않았다.

얼마 후 앙투안은 총상을 입고서 병상에 누워 하녀의 보살핌을 받게 되었다. 잔은 그를 간병하고 싶었지만, 너무 늦게서야 그 소식을 듣게 되었다. 전해지는 이야기에 따르면, 앙투안은 만약 자신이 살아나면 개혁주의 신앙으로 회심하고 아우크스부르크 신앙고백(Augsburg Confession)을 널

13) Bainton, *France and England*, 54.

리 알리겠노라 맹세했다고 한다.[14] 그러나 그는 죽음을 피할 수 없었고, 잔은 죽는 날까지 과부의 의복을 입고 살았다.[15]

혼자가 된 잔은 왕국을 온전히 통치할 수 있게 되었다. 남편이 파리에서 바람을 피울 때에도 홀로 있었던 그녀가 이제 아무런 장애물 없이 나라를 다스릴 수 있게 된 것이다.[16] 1561년에 시작된 개혁은 그녀의 지원으로 더욱 견고하게 자리를 잡아 갔다. 잔은 로마 가톨릭의 가두 행렬을 금지했고, 칼빈주의 설교자들을 더 많이 배출했다. 그리하여 1563년 가을에는 총회를 조직하게 되었다. 그러나 로마 가톨릭에 반대하는 법령이 내려졌는데도, 백성 가운데 로마 가톨릭 신자들이 잔을 해치려고 음모를 꾸미는 등 반대파의 저항이 이어졌다. 그래서 그녀는 힘겹게 통치해 나갔다.

프랑스 궁정에서는 앙투안의 믿음을 꺾었던 추기경을 불러와 이번에는 잔에게 편지를 쓰게 하여 그녀의 열심을 꺾어 보려고 했다. 그러나 제아무리 음흉한 속내를 감추려 해도, 그녀는 그것을 꿰뚫어 볼 수 있었다. 상대를 잘 알았던 그녀는 이렇게 답했다. "도를 넘는 월권행위에 대한 책임을 우리에게 뒤집어씌우려는 그대가 참으로 부끄럽소. 그대 눈의 들보를 먼저 빼내시오……교리 논쟁은 하지 않겠소. 우리가 잘못되었기 때문이 아니라, 그대가 시온산에 이르지 못할 것이기 때문이오……성경에 간혹 모

14) 앙투안의 마지막 행적 중 하나는 아들 앙리를 몽타르지(Montargis)로 보내 거기서 페라라의 르네(Renee of Ferrara)와 함께 머물게 한 것이다. 이를 볼 때, 그의 맹세는 어느 정도 진실했던 것 같다. Roelker, *Queen of Navarre*, 203. 1567년경에 앙리는 다시 프랑스의 궁정에서 살고 있었다.

15) Bainton, *France and England*, 57.

16) Roelker, *Queen of Navarre*, 202.

호한 내용이 있지만, 어둠의 왕에 관한 내용이 바로 그대를 두고 하는 말임을 나는 분명히 알고 있소……그대가 회개한다면, 그때에는 나도 그대가 형제이자 친구임을 인정할 것이오."[17]

공격은 계속되었다. 1563년 초, 프랑스 왕이 잔에게 스페인 왕가와 결혼할 것을 제안했지만 성사되지 않았다. 같은 해에 교황은 잔에게, 로마로 오지 않으면 그녀의 땅을 몰수해 스페인의 왕자에게 주겠다는 칙령을 내렸다. 그러자 잔은 프랑스 궁정과 외교적인 교섭을 벌여, 교황이 외국의 땅을 빼앗아 그것을 재분배하도록 내버려 두면 장차 어떤 손해가 발생하게 될지를 피력했다. 그리하여 프랑스 왕과 카트린 드 메디시스가 오히려 그녀의 중재자 역할을 하였다.[18]

또한 교황은 그녀의 이전 결혼을 문제 삼아 앙투안과의 결혼을 무효화하여 그녀의 가족이 왕위를 이어받지 못하도록 하겠다고 했다. 그러자 그녀는 다시금 외교력을 발휘하여 카트린에게 교황의 이런 행동을 막아 줄 것과 앙리의 적법한 상속권을 지켜 줄 것을 요청했다. 그리고 스페인의 왕이 나바르에서 폭동을 일으켜 그녀를 유인하여 사로잡으려고 했을 때에는 그의 아내가 잔에게 그 음모를 알려 주었다. 하나님께서 잔의 대적들까지도 그녀를 위해 사용하신 것이다.

1563년 가을에는 잔을 납치해 스페인의 종교 재판에 넘기려는 음모가

---

17) Jeanne d'Albret to Cardinal d'Armagnac in Bainton, *France and England*, 61.

18) Henry M. Baird, *History of the Rise of the Huguenots of France* (New York: Charles Scribner's Sons, 1900), 2:141,143.

있었다.[19] 그러나 그녀는 거기서 탈출했다. 비록 건강은 나빠졌지만, 그녀의 믿음은 그 모든 역경을 겪으면서 더욱 굳건해졌다. 마지막으로, 프랑스의 왕 샤를 9세(Charles Ⅸ)와 스페인의 왕이 힘을 합쳐 개혁파들, 특히 잔과 콩데의 영주를 죽이려는 음모를 짰다.[20] 잔은 즉시 군대를 모아 학살을 막아 냈는데, 적어도 성 바돌로매(St. Bartholomew) 축일까지 몇 년 동안은 그 학살을 막을 수 있었다.[21]

이제 잔의 목표는 열세 살 정도 되었을 아들 앙리를 보는 것이었다. 자신도 어렸을 때 강제로 어머니 품에서 떨어져 프랑스의 궁정에서 자랐기에, 그녀는 앙리를 프랑스에서 되찾아와 함께 있으면서 개신교의 영향력 아래 두고자 했다. 잔은 혹여나 아들이 로마 가톨릭교도가 되었을까, 알코올 중독이나 성적 방탕에 빠지지 않았을까 두려웠다. 왜냐하면 그의 아버지인 앙투안도 그 사악한 프랑스 궁정에서 그와 같은 비도덕적 행위들로 인해 무너졌기 때문이다.

다시금 프랑스를 방문했을 때, 그녀는 아들과 함께 방돔까지 가도 좋다

---

19) Roelker, *Queen of Navarre*, 222,223.

20) 콩데의 영주인 루이 1세(Louis I)는 프랑스의 귀족이자 위그노 군대의 지도자였다. 군인으로서 그가 가진 재능 덕에 한때 오를레앙(Orleans)을 점령하고 카트린 드 메디시스를 사로잡을 수 있었다.

21) 성 바돌로매 축일에 일어난 학살은 1572년 8월 23일 파리에서 시작되어 그해 10월까지 프랑스의 다른 도시들로 확산되었다. 이 일로 로마 가톨릭은 프랑스의 개신교를 짓밟는 데 큰 성공을 거두었다. 희생자 수는 알려지지 않았으나, 최근 자료에서는 총 5,000명에서 20,000명에 달하는 희생자를 냈을 것으로 추산하고, 더 이전 자료에서는 희생자가 70,000명에 이르렀을 것으로 보기도 한다. 로마 가톨릭은 위그노 영주의 결혼을 축하하기 위해 개신교도들이 파리에 모인 때를 이용해 개신교 지도자들을 대량 살상했다. 이때를 기점으로 프랑스의 종교 전쟁이 새로운 국면에 접어들게 되었고, 개혁파 신자들은 프랑스를 떠나게 되었다. 그 이후 프랑스의 개신교회는 이전의 규모나 지위를 되찾지 못했다. Anne *Marsh-Caldwell, The Protestant Reformation in France* (London: Richard Bentley,1847), 2:379.

는 허락을 받았다. 그녀는 곧바로 거기서 탈출하기 위해 계획을 세웠다. 조금이라도 실수한다면 돌이키지 못할 결과를 초래할 수도 있는 계획이었다. 잔은 비밀리에 자신의 궁정으로 전령을 보내 군대를 준비해 마중 나오도록 지시했다. 그리고 밀사가 떠나고 나서 여섯 시간이 지났을 무렵, 잔과 앙리는 나바르를 향해 전력을 다해 달렸다. 스페인 대사는 이렇게 기록했다. "(잔은) 며칠 전에 이곳을 떠났다. 믿을 만한 소식통에 따르면……그녀는 자기 자녀와 자신의 시종들을 모두 데려갔다."[22] 프랑스 당국은 언짢아했다.

잔은 무사히 집으로 돌아왔다. 그녀는 자신의 궁정으로 돌아온 앙리를 세심히 보살폈다. 앙리는 놀라운 재능들을 많이 가지고 있었는데, 특히 병법에 능했다.

그녀는 자신의 영토에서 개혁을 계속 감행해 갔다.[23] 1563년에 일어난 정치적 압박으로 인해 개혁이 다소 지지부진해지긴 했으나, 3년 후에 그녀는 (오락 삼아) 무희들의 선정적인 춤을 보는 것, 도박, 매춘 등을 금지했다. 또한 나바르의 어느 지도자들이 폭동을 일으켜 잔과 그녀의 자녀들을 납치하려고 계획했으나,[24] 또 한 번 그녀는 그 함정에서 빠져나왔다.

---

22) The Spanish ambassador to Philip, February 19, 1567, in Roelker, *Queen of Navarre*, 241,242.

23) 잔은 이 책에 나타나는 종교적인 개혁을 행했을 뿐만 아니라, 나라의 경제도 흑자로 돌려놓았다. 그녀는 남편이 탐닉했던 도박과 사치를 걷어 내고, 심사숙고하며 절약하는 삶을 살았다. 그런데도 거듭되는 폭동과 앙투안이 진 빚 때문에 잔의 재정은 좋지 않을 때가 많았고, 심지어 나라의 재정을 유지하기 위해 자신의 보석을 저당 잡히기도 했다. Roelker, *Queen of Navarre*, 260,289.

24) Roelker, *Queen of Navarre*, 268.

1571년에는 로마 가톨릭의 땅과 건물들을 몰수했는데,[25] 이러한 조치는 그녀의 경건에서 비롯된 것으로, 영국의 헨리 8세가 교회 소유의 땅을 빼앗아 자신과 지인들의 배를 불렸던 것과는 달랐다. 그녀는 몰수한 재산으로 칼빈주의 교회들을 지원했고(여기에는 신학교를 세워 교수들에게 급여를 주고 100명 정도의 학생들을 후원한 것도 포함된다), 소년들을 위한 공립학교와 소녀들을 위한 공공 초등교육 제도를 마련했다. 다른 칼빈주의자들과 마찬가지로, 잔도 교육에 매우 심혈을 기울였다.

로마 가톨릭의 사주를 받은 자들이 또다시 나바르 땅에 폭동을 일으켰지만, 잔은 대처할 준비가 되어 있었다. 폭동은 그녀를 두려움에 떨게 하기보다는 오히려 그녀의 마음을 더욱 굳세게 다잡도록 했다.[26] 그보다 더 골치 아픈 문제는, 개인적으로나 정치적으로나 그녀에게 아들과 함께 파리로 오라는 압박이 거세졌다는 것이다. 명분은 위그노들과 왕이 협상하는 일에서 중재자 역할을 해 달라는 것이었다. 그러나 잔은 그들의 위장 전술을 간파하고는 나바르에서 한 발짝도 움직이지 않았다.[27]

하나님께서 앙리에게 주신 군사적 재능은 그의 어머니와 나라를 위해 요긴하게 쓰였다. 위그노와 로마 가톨릭 사이에 대규모 전쟁이 다가오고 있었기 때문이다. 즉, 프랑스 내부에서 세 번째 종교 전쟁이 일어난 것이

---

25) 그녀는 합법적인 수단을 모두 동원해 로마 가톨릭을 근절하고자 했으나, 사람들의 마음까지는 어찌할 수 없었다. 그래서 공적으로 로마 가톨릭 직분을 맡지 않은 채 개인적으로 자기 신앙을 지키고자 하는 사람이 그 땅에서 살며 일할 수 있도록 허락해 주었다. Roelker, *Queen of Navarre*, 276,277.

26) Roelker, *Queen of Navarre*, 290.

27) Roelker, *Queen of Navarre*, 296.

다(1568년-1570년). 잔은 모든 재산을 이 싸움에 쏟아부었다. 산악 지대인 나바르 왕국이 이 싸움에 직접 관련된 것은 아니었지만, 잔은 프랑스 개혁교회가 패배하면 나바르 왕국이 철저한 로마 가톨릭 국가인 스페인과 프랑스 사이에서 고립되어 심각한 타격을 입으리라는 것을 잘 알고 있었다.

잔은 프랑스의 개신교인들을 구하기 위하여 나바르에서 출정했다. 그녀는 의회의 반대를 우려하여 자신의 결정을 알리지 않고 비밀리에 빠져나와 라로셸(La Rochelle) 항구에 도착했다. 그곳에는 위그노들의 수비진이 집결해 있었는데, 그녀가 도착했다는 소식에 온 마을이 들썩였다. 개혁파 진영은 예상하지 못한 지원 부대가 오자 흥분을 감추지 못했다. 시장은 그녀에게 성문 열쇠를 건네주었다.

그녀가 위그노 의회에 입성하자 곳곳에서 박수와 함성이 쏟아져 나왔다. 콩데의 영주는 그 자리에서 자신이 가진 위그노 군대의 지휘권을 잔의 아들에게 넘겨주려고 했다. 이에 모든 이들이 열렬히 환영했으나, 잔은 자리에서 일어나 그 제안을 정중히 거절하면서 이렇게 말했다. "아닙니다, 여러분. 나와 내 자식이 이곳에 온 것은 이 위대한 일이 반드시 성공하도록 돕기 위함이며, 혹 실패하더라도 그 슬픔을 나누기 위함입니다. 나에게는 하나님의 뜻이 이루어지는 것이 내 아들이 위대해지는 것보다 더욱 중요합니다."

열여섯 살에 불과한 아들을 군대 지휘관으로 추대하려는 환호성 속에서, 그녀는 앙리에게 그러한 명예를 내려놓도록 했다. 잔의 확고한 뜻을 알게 된 위그노들은 그녀를 라로셸의 민간 정부 지도자로 세웠고, 그녀는 3

년 동안 그 직책을 맡았다.

잔은 과중한 업무 가운데서도 나바르의 토착 언어인 바스크어(Basque)로 신약성경을 번역하게 하였고, 그것을 자기 돈으로 출판하였다. 그녀는 외국의 정상들과 서신 교환하는 일도 전부 맡았다. 영국의 엘리자베스 여왕이 위그노와 동맹을 맺은 것은 바로 그녀의 탄원서 덕분이었다. 역사는 엘리자베스 1세를 잔보다 더 위대한 여성으로 평가하지만, 잔이 훨씬 더 강하고 경건한 성품을 가지고 있었다. 엘리자베스는 함대를 보내 라로셸을 지원함으로써 위그노를 구하도록 도와주었다. 전쟁은 혹독했고, 잔의 싸움은 계속되었다. 스페인과 프랑스의 왕은 잔이 라로셸에 있는 동안 나바르를 점령하려고 계획했지만, 그녀는 나바르를 철통같이 수비하라고 명령했다.

그러다가 1569년 3월 13일에 콩데의 영주가 전투 중에 사망하였다. 위그노 군대는 아끼는 지도자를 잃었다. 이로 인해 군대의 사기가 크게 떨어졌다. 가스파르 드 콜리니(Gaspard de Coligny) 제독마저도 그들에게 용기를 북돋을 수 없었다. 절망에 빠진 제독은 잔에게 진영으로 와 달라고 부탁하면서, 이제 오직 그녀만이 군인들에게 다시금 용기를 불어넣을 수 있다고 말했다. 그녀는 애도의 깃발을 들고서 부대 앞으로 왔다. 한편에는 콩데의 아들 앙리 드 부르봉(Henri de Bourbon)이 있었고, 다른 한편에는 그녀의 아들 앙리가 있었다. 다음은 그때 잔이 한 유명한 연설의 일부이다.

제군들, 눈물을 흘리십시오. 그런데 콩데를 떠올리면서 할 수 있는 일이 고작 눈물 흘리는 것밖에 없습니까? 그렇지 않습니다. 자, 다시금 하나가 되어 용기를 냅시다. 그리하여 결코 사라지지 않을 그 뜻을 지켜 나갑시다. 그리고 바로 그 뜻을 굳건히 지켜 냈던 한 사람을 위해 복수합시다. 절망에 빠져 있습니까? 절망, 그것은 연약한 본성에서 나오는 부끄러운 감정일 뿐입니다. 여왕인 내가 아직 희망을 버리지 않았는데, 그대들은 두려워합니까? 콩데가 죽었다고 모든 것이 끝났습니까? 우리의 노력이 더는 정당하고도 거룩하지 않다는 말입니까? 아닙니다. 수많은 위험에서 그대들을 구원하신 하나님께서 이제 콩데의 뒤를 이을 전우들을 세우셨습니다. 내 아들도 그들 가운데 있습니다. 가서 이 아이의 용맹함을 시험해 봅시다. 그의 핏줄에는 부르봉과 발루아(Valois)의 피가 흐르고 있습니다. 영주의 죽음을 갚기 위해 불타오르고 있습니다. 또한 콩데의 아들을 보십시오. 아버지의 훌륭한 일을 이어받을 자가 아닙니까? 그는 아버지의 이름과 명예를 물려받았습니다. 제군들, 내 힘이 다할 때까지 내가 가진 모든 것을 그대들에게 주겠습니다. 나의 영토, 나의 보물, 나의 생명, 그리고 무엇보다도 나에게 가장 소중한 바로 나의 자식들입니다. 나는 이제 그대들 앞에서 엄숙히 선서합니다. 내 입에서 두말이 나오지 않는다는 것을 그대들이 더 잘 알 것입니다. 맹세하건대, 내 숨이 끊어지는 순간까지 우리 모두를 하나 되게 하신 그 거룩한 뜻, 명예롭고도 진실된 그 뜻을 반드시 지켜 낼 것입니다.

연설이 끝나자 잠시 침묵이 흐르더니 전열을 따라 함성이 울려 퍼졌다.

군인들은 어린 왕자 앙리를 그들의 지휘관으로 추대하며 환호했다.

잔은 군인들 앞에 서서 그들의 사기를 북돋아 주었고, 드 콜리니 제독과 함께 전쟁을 이끌어 나갔다. 제독이 몽콩투르(Moncontour)에서 패하고 심한 부상을 당하자, 잔은 위험을 무릅쓰고 그를 보러 갔다. 드 콜리니는 침상에 누워 있었는데, 턱이 심하게 부서져 말을 할 수 없었다. 그녀는 그날의 패배를 뒤로하고 승리를 향해 나아갔다. 잔의 아들은 모든 전투에서 승리의 깃발을 올렸고, 위그노 군대는 파리의 성벽 밖에 진을 치고서 로마 가톨릭이 항복하기를 기다렸다. 잔은 그녀의 왕국으로 돌아왔고, 자신의 땅을 돌아보며 백성들의 삶을 더욱 개선하기 위해 계속 노력했다.[28]

전쟁에서 이길 수 없다고 판단한 로마 가톨릭은 속임수를 써서 상황을 타개하려고 했다. 성 바돌로매 축일의 학살을 계획한 것이다. 잔은 그들의 속임수를 감지했으나 정확하게 어떤 위험이 다가오는지를 알 수 없었다. 덫에 걸린 것은 드 콜리니였다.

첫 번째 단계는, 잔의 아들 앙리를 프랑스 왕 앙리 2세와 카트린 드 메디시스 사이에서 난 딸과 결혼시키는 것이었다. 잔은 반대했다. 자기 아들이 로마 가톨릭 신자와 결혼하는 것을 원하지 않았기 때문이다. 그러나 드 콜리니를 위시한 의회의 모든 의원들이 그 결혼에 찬성했다. 로마 가톨릭은 이 결혼을 반드시 성사시키기 위해, 개혁주의식으로 예식을 거행하는 데에도 동의했다.

---

28) Roelker, *Queen of Navarre*, 385.

결국 주위 모든 사람들의 뜻에 밀린 잔은 파리로 가서 필요한 계약 사항들을 확인했고, 그녀의 나라와 신앙이 침해되지 않도록 쐐기를 박았다. 그녀가 프랑스인들에게 여러 가지 사항에 반대하는 뜻을 전했을 때에도, 그들은 그녀의 뜻을 전부 따랐다. 그래서 결국 그녀도 결혼 서약서에 서명하였으나, 여전히 어딘가 탐탁지 않았고, 무언가 숨어 있다는 느낌을 지울 수 없었다. 그러나 그녀는 어떤 일이 다가오는지를 알 수 없었고, 그저 개혁 교회가 해를 입지 않을까 염려했다.

걱정이 너무 컸던 나머지, 잔은 1572년 6월 4일 결혼식을 거행하기도 전에 병으로 앓아 눕고 말았다. "병의 고통이 계속 커져 갔으나 '그녀는 초조해하지도 않았고 단 한 마디 불평도 내뱉지 않았다.'"[29] 위그노들은 이 소식을 듣고서 매우 당황했다. 그녀가 죽으면 누가 그들을 지원해 줄 수 있을지 몰랐기 때문이다. 그녀는 곁에 있는 사람들을 위로했고, 마지막 유언으로 자녀들에게 개혁신앙 안에 진실하게 남아 있으라고 당부했다. 그리고 그리스도께로 나아가 그분과 함께할 준비가 되었느냐는 질문에 그녀는 이렇게 답했다. "네, 물론입니다. 헛되고 헛된 것들로 가득 찬 이 세상에 있느니 당연히 주님께로 가기를 원합니다."[30]

마지막 순간까지 정신이 맑았던 그녀는 6월 9일에 마흔네 살의 나이로 조용히 눈을 감았다.[31] 잔은 이런 말을 남겼다. "나는 죽음이 전혀 두렵지

---

29) Smith to Burghley, June 7, 1572, in Roelker, *Queen of Navarre*, 388.

30) Roelker, *Queen of Navarre*, 389.

31) 부검 결과, 잔의 옆구리에서 농양이 발견되고 뇌에서도 기형적인 조직이 발견되었지만 독살의 가능성은

않습니다. 하나님의 뜻에 감히 투덜댈 수는 없겠지만, 내 아이들을 수많은 위험 속에 남겨 두고 떠나는 것이 너무나 가슴 아플 뿐입니다. 그러나 그것마저도 오직 그분께 모두 맡깁니다." 그녀는 성경을 품에 안고서 그 말씀의 약속들을 의지하며 영광의 면류관을 받았다.

잔은 주님과 개혁신앙의 이름 아래 깃발을 펼쳐 들고 선봉에서 군대를 지휘했다. 군대의 장군들이 죽거나 포로로 잡히거나 부상을 당할 때에도, 그녀는 군대를 이끌고 승리를 쟁취했다. 그녀는 한 번도 패한 적이 없었다. 다만 그 모든 일을 자신을 위해 하지 않고, 오직 하나님께서 자기에게 맡기셨다고 믿은 사명, 곧 교회를 개혁하고 위그노 교회를 지키는 일에 순종하는 마음으로 행할 뿐이었다. 프랑스 가톨릭의 권세, 부족한 자금, 떠나간 남편, 백성들의 폭동, 전쟁, 악화된 건강 등 주변의 모든 여건이 그녀에게 불리했다. 그러나 그녀는 그 모든 것을 이겨 냈다.

그녀에게는 아들과 딸이 있었는데, 훗날 앙리는 자신의 기록에서 그녀를 가리켜 "내게 모든 것을 주신 좋은 어머니"라고 표현했다.[32] 뿐만 아니라 그녀는 로마 가톨릭 가정에서 자란 개신교 여자아이들에게도 어머니

배제되었다. 그러나 많은 사람들이 독살을 의심했다. Marsh-Caldwell, *Protestant Reformation in France*, 2:301.

32) 그녀의 딸 카트린 드 부르봉(Catherine de Bourbon)은 많은 점에서 어머니를 닮았다. 견고한 신앙, 로마 가톨릭 신자와의 결혼, 프랑스 궁정으로부터 받은 핍박, 필리프 드 모르네(Philippe de Mornay) 같은 위그노 피난민들에게 안식처를 제공한 것, 그리고 젊은 나이에 세상을 떠난 것 등이 그러하다. 그녀는 결핵을 앓았고, 오래 기다린 임신인 줄로만 알았던 복부의 종양으로 인해 갑작스럽게 죽음을 맞이하였다. 어머니와 같은 정치적 권력은 없었지만, 그녀 역시 자기 자리에서 충실한 삶을 살았다. Bainton, *France and England*, 75-81.

같은 역할을 했다.[33] 잔은 교회사에서 가장 강인한 여성 중 하나이다.

그녀가 살아 있는 동안에도 슬픈 일이 많았지만, 가장 슬픈 일은 그녀가 세상을 떠난 후에 일어났다. 아마 그녀가 살아 있었더라면 성 바돌로매 축일의 학살로 인해 몹시 비통해했을 것이며, 무엇보다도 그녀의 아들 앙리가 가톨릭 신앙으로 변심한 것으로 인해 극심하게 슬퍼했을 것이다. 그러나 그녀는 떠났다. 신실한 삶을 살았던 그녀는 뼈아픈 패배를 맛보기 전에 눈을 감았다. 죽기 몇 해 전에 그녀는 이렇게 말했다. "하나님은 어린 공주에 불과했던 나에게 이 나라의 권세를 주셔서 그분의 복음으로 나라를 다스리게 하셨고, 그분의 율법을 가르치게 하셨습니다. 주님만을 의지할 뿐입니다."[34]

그녀의 고백은 드보라의 노래와 닮아 있다.

"여호와여, 주의 원수들은 다 이와 같이 망하게 하시고
주를 사랑하는 자들은
해가 힘 있게 돋음 같게 하시옵소서"(삿 5:31).

---

33) 훗날 빌럼 판 오라녀의 아내가 된 샤를로트 드 부르봉(Charlotte de Bourbon)은 가톨릭에서 빠져나오는 과정에 잔에게 빚을 많이 졌다. 잔은 생애 마지막 몇 주 동안 그 젊은 여성을 대신하여 일했다. Roelker, *Queen of Navarre*, 418. 또한 잔은 남편의 조카인 마리 드 클레브(Marie de Cleves)도 개신교인으로 자라도록 해 주었다.

34) Roelker, *Queen of Navarre*, 216.

7

샤를로트 아르발레스트

(Charlotte Arbaleste)

샤를로트 아르발레스트는 1548년 2월 1일, 파리의 부유한 집안에서 태어났다. 그녀가 태어나기 몇 해 전에 개신교가 프랑스에 전해졌지만, 여전히 불법이었다. 샤를로트의 가족은 나라 안에 있었던 종교적 갈등을 잘 보여 준다. 그녀의 어머니는 평생 로마 가톨릭교도로 산 반면, 아버지는 노년에 개신교로 개종했다.

그녀의 아버지는 독일을 오가면서 개신교를 접했다. 그는 스트라스부르에서 개혁 교회와 로마 가톨릭 사이에 벌어진 신학 논쟁에 관해 듣고, 그로 인해 기존 교회의 여러 가지 오류들에 눈을 뜨기 시작했다. 그러나 여러 해가 지난 후에 로마 가톨릭이 그를 이단 혐의로 고소하기 전까지는 복음을 올바로 이해하거나 받아들이지 않았다. 그때까지만 해도 그는 로마 가톨릭 신자였으나, 바로 그 일을 계기로 위그노들의 믿음을 면밀히 검토하기로 마음먹었고, 비로소 그들의 믿음을 따르게 된 것이다.

그는 1570년에 생을 마감하면서 이렇게 고백했다. "주님, 58년 전에 저에게 주신 영혼을……제가 불결하게 더렵혀 주님께 돌려드립니다. 당신의 아들 예수 그리스도의 피로 이 영혼을 정결케 하여 주옵소서."

샤를로트는 가톨릭 신자인 어머니와 뒤늦게 개종한 아버지 사이에 있으면서도 훨씬 어린 나이에 믿음을 가진 것으로 보인다. 그녀는 1567년 9월 28일에 개신교 신자인 퓌케(Feuquères)의 영주 제앙 드 파(Jehan de Pas)와 결혼했고, 다음 해에 딸 수잔(Susanne)을 낳았다. 그런데 1569년에 제앙이 죽고 말았다. 샤를로트는 이제 막 걸음마를 시작한 수잔과 둘만 남게 되었다.[1] 1570년에 샤를로트는 어머니가 있는 파리로 돌아갔고, 성 바돌로매 축일의 학살이 일어날 때까지 거기서 살았다.[2]

학살이 시작된 날 아침, 심부름을 하고 돌아온 하녀가 샤를로트에게 밖에서 무슨 일이 벌어지고 있는지를 말해 주었다. 샤를로트가 창문으로 내다보니, 흰색 십자가를 단 모자를 쓴 엄청난 수의 군인들이 지나가고 있었다. 한 하인이 무슨 일인지 알아보려고 그녀의 어머니가 있는 곳으로 갔고, 그제서야 그녀는 자신이 위험에 처한 것을 깨달았다. 우선 세 살배기 수잔을 로마 가톨릭 친구의 집으로 보낸 후에 샤를로트도 곧 따라갔다. 그녀는 군인들이 도착하기 전에 간신히 그곳을 빠져나왔다. 군인들은 그녀가 사라지자 화가 나서 그녀의 어머니를 심문하고 집을 약탈했다.

---

1) Charlotte de Mornay, *Mermories de Madame de Mornay* (Paris: Jules Renouard, 1868), 50,57,58.

2) Richard B. Hone, *Lives of Eminent Christians* (London: John W. Parker, 1850), 2:101.

샤를로트는 삼 일 동안 그녀의 딸, 그리고 40명의 위그노들과 함께 어느 로마 가톨릭 가정에 숨어 있었는데, 결국 수상한 낌새를 챈 군인들이 그곳을 수색하였다. 개신교인들은 그 소식을 미리 듣고서 모두 도망쳤으나, 샤를로트와 수잔, 하녀 한 명과 다른 피난민 한 명은 그대로 남아 있었다. 샤를로트는 빈 다락방에 숨었고, 하녀는 수잔을 숨겨 몰래 샤를로트의 할머니 집으로 데리고 갔다. 집 수색이 끝나고 나서 샤를로트는 그곳에서 탈출했고, 며칠 동안 파리에서 이 집 저 집을 돌며 숨어 지냈다. 그녀의 어머니는 살고 싶으면 미사에 참석하라고 그녀를 압박했다. 그러나 그녀는 "하나님의 은혜를 힘입어 그것을 단호하게 거절하였다."[3)]

샤를로트는 로마 가톨릭 신자인 어느 부인의 집 위에 있는 방에 머물렀다. 그녀는 사람들의 이목을 끌지 않기 위해 걷지도 않고 초를 켜지도 않았으며, 앞치마 안에 숨겨 가져다주는 음식 조금으로 연명했다. 학살이 시작된 지 열하루째 되는 수요일, 샤를로트는 어떻게 해서든 파리를 떠나야겠다고 마음먹었다.

그녀는 배편을 알아보고는 그 배에 올랐다. 마침 거기에는 수도사 두 명과 사제 한 명이 같이 타고 있었다. 투르넬(Tournelles)에서 경비대가 그녀에게 여권을 보여 달라고 했다. 그러나 그녀에게는 여권이 없었다. 그러자 경비대는 그녀를 위그노로 단정지어 그 자리에서 물에 던져 죽이라고 판결했다. 그녀는 그 도시에 자신을 보증해 줄 수 있는 가족이 있고, 친분 있

---

3) Hone, *Lives of Eminent Christians*, 2:105.

는 사람도 있으니 그에게 데려가 달라고 사정했다. 그러자 군인 두 명이 그녀를 그 집으로 데려갔다. 샤를로트의 친구들은 그녀가 위험한 사람이 아님을 확인해 주었고, 그녀는 다시 배로 돌아와 여행을 계속할 수 있게 되었다. 그러나 여전히 군인들이 그녀를 찾고 있었기 때문에 위험이 모두 사라진 것은 아니었다. 군인들은 또다시 그녀가 머무는 집을 수색했고, 이번에도 그녀는 피신했다.

샤를로트는 빌레그랑(Villegrand)으로 갔다. 그녀는 그 지역의 교외에 있는 어느 포도주 농장에서 보름 동안 지내다가 다시 이곳저곳으로 옮겨 다녔다. 자기 때문에 집주인이 위험해질 수도 있고, 자신 역시 안전하지 못했기 때문이다. 그러다가 부용(Bouillon)에 있는 어느 공작의 집에서 안전한 은신처를 얻게 되었다. 그 공작 역시 개혁주의 신자였다.

그곳에 머무는 동안, 그녀는 위그노의 주요 인사였던 필리프 드 모르네(Philippe de Mornay)를 빼내기 위하여 자기 돈으로 그의 몸값을 지불했다. 그는 위그노 군인이자 정치가로서, 기즈(Guise)의 공작에게 포로로 잡혀 있었다. 대학살이 일어났을 때에 그도 샤를로트와 마찬가지로 파리에 머물고 있었다. 그러나 독실한 위그노인 그는 성 바돌로매 축일이 되기 전에 자기 신앙에 대한 박해가 오리라 직감했고,[4] 기적적으로 그곳을 탈출했다.

샤를로트가 구해 준 이후에 그는 그녀를 자주 방문했고, 그녀와 가까워졌다. 그는 1575년에 그녀에게 청혼했고, 1576년 1월 3일에 두 사람은 결

4) Hone, *Lives of Eminent Christians*, 2:88-90.

혼했다.[5] 그녀에게는 돈도 없고 명예도 전혀 없었지만, 저명한 지도자인 필리프는 오직 그녀의 인품에 매료되어 그녀와 결혼했다.

샤를로트는 자녀들을 많이 낳았다. 마르테(Marthe, 1576년), 엘리자베스(Elizabeth, 1578년), 필리프(Philippe, 1579년), 모리스(Maurice, 1581년)가 태어났는데, 모리스는 태어난 해에 세상을 떠났다. 그리고 1583년에는 두 명의 아들을 사산했으며, 1586년에는 딸을 낳았으나 젖을 떼기도 전에 세상을 떠났고, 1587년에 낳은 사라(Sara)는 3개월 때 죽고 말았다.[6] 그녀는 다섯 아이를 잃은 슬픔을 겪으면서도 남아 있는 아이들을 잘 돌보는 좋은 어머니였다.[7]

나바르 왕국의 왕(훗날 프랑스의 앙리 4세가 된 앙리 드 나바르)은 필리프를 영국과 홀란트(Holland)에 대사로 파견했다. 샤를로트도 그 길에 동행했고, 그렇게 다른 나라에 가 있는 동안에도 자녀들이 태어났다. 필리프는 정치 활동 외에도 중요한 개신교 저작을 남겼으며, 낭트 칙령에도 기여했고, 위그노를 대표하여 도르트 총회에도 참석했다. 이러한 그의 노력들은 프랑스에서 개신교 교회가 세워지는 데 없어서는 안 될 요소였다. 그러다 보니 어떤 이들은 그를 위그노의 교황이라고 부르기도 했다.

---

5) *Memories de Madame de Mornay*, 83,87,102.

6) *Memories de Madame de Mornay*, 111,118,124,133,146,147,162,165. 샤를로트는 임신 중에 너무 힘겹게 이동한 탓에 두 아들을 사산했다고 추측했는데, 아마도 조산한 것 같다. 어쨌든 당시에는 가족이 이동하는 일이 중요했고, 이는 임신한 여성에게 힘든 일이었다. 그녀는 그 모든 일이 하나님의 손으로부터 온 것임을 잘 알았지만, 큰 슬픔을 감출 수는 없었다.

7) 샤를로트가 먼저 낳은 딸 수잔은 그녀의 친척 손에서 자란 것 같다.

샤를로트의 뒷바라지는 그에게 큰 도움이 되었다. 그녀는 집안일을 맡아 할 뿐만 아니라, 남편을 돕기 위해 필요할 때면 그와 함께 국제 정치와 정책적인 문제들에 관해 토론했으며, 그가 자신의 일은 물론 교회를 위한 일에서도 모든 책임을 잘 감당할 수 있도록 도왔다.[8)]

이들 가족은 1582년 7월에 파리로 돌아왔고, 거기서 다시 위그노들이 가장 많이 살고 있는 프랑스 남부 지역인 몽토방(Montauban)으로 갔다. 그들은 그곳에서 어느 개혁 교회에 출석하다가 뜻밖의 권징을 경험하게 된다. 그곳의 당회는 복장을 굉장히 엄격하게 규정했다. 디모데전서 2장 9절과 베드로전서 3장 3절의 말씀에 따라 기독교인 여성이 머리카락을 곱슬곱슬하게 만들어서는 안 된다고 하였고, 이를 어기면 성찬에 참여할 수 없도록 했다. 그러나 샤를로트는 곱슬거리는 머리 모양을 바꾸지 않았고, 그로 인해 성찬에 참여하지 못하게 되었다.[9)]

필리프가 아내를 대신하여 당회에 이야기했으나 당회는 입장을 바꾸지 않았다. 샤를로트는 당회에 편지를 써, 그동안 독일과 영국, 네덜란드와 프랑스의 다른 교회에서도 예배를 드렸으나 이 사안이 문제 된 적은 한 번도 없었으며, 개혁 교회 중에서 이 교회만이 그런 입장을 보인다고 했다. 또한 칼빈의 주석에서도 이 본문이 외모에 관한 허영과 자만심을 언급한 내용이지 구체적인 머리 모양 같은 것을 지적하는 내용이 아니라고 했으며,

---

8) Broomhall, *Women and Religion*, 90,91.

9) 가끔 잊어버리는 사실이 있다. 수 세기 전에 그려진 경건한 여성들의 초상화를 보면, 그녀들은 대부분 당시 유행하던 드레스를 입고 있다. 이 책에 등장하는 여성들도 대부분 그들의 사회적 신분에 맞는 최고급 의복을 입고 걸맞은 머리 모양을 하였다. 너저분한 옷을 입는 것이 꼭 경건한 것은 아니다.

그 교회의 목사도 해당 구절이 "금지한" 금이나 보석은 하나님께서 창조하신 것이므로 착용해도 괜찮다고 설교했다고 지적했다.

양측의 긴장은 더욱 팽팽해졌고, 이 사안이 공개적으로 알려지자 당회는 그녀를 더욱 압박했다. 그녀는 당회에 교회 정치에 관한 해설을 담아 다음과 같이 편지하였다.

> 나는 그들에게 아무것도 요구하지 않았으나 그들이 나에게 순종을 요구하는 조항을 제시하였습니다. 그런데 그들이 어떻게 나를 반역자라고 부를 수 있는지, 이해가 되지 않습니다. 만약 그런 조항이 있다면, 그들은 그것을 제게 숨겨서는 안 될 것입니다. 그러나 페이지를 넘겨 보면, 제26조에서 목사나 당회나 어떤 회의나 지역 총회에는 전국 총회의 권고나 동의 없이 교회 정치 조항을 추가, 개정 및 축소할 권한이 없다고 밝힌다는 사실을 알 수 있을 것입니다.[10)]

다시 말해, 만일 그들이 성경이나 신조 또는 신앙고백에서 장로가 교인의 머리 모양을 강제할 권한을 가진다고 말하는 부분을 찾아 제시한다면 얼마든지 따르겠다는 것이다. 그러나 결국 그녀의 가족은 그녀의 머리 모양에 관해 이러쿵저러쿵하지 않는 다른 개혁 교회로 옮겼다.

이 이야기는 단순히 샤를로트의 고집스러움만을 보여 주는 것이 아니

---

10) Arbaleste to the president of Clauzonne, April 1585, in Broomhall, *Women and Religion*, 42.

다. 그녀는 지역 교회가 정당한 선을 넘었다고 판단하였고, 그래서 자신이 가진 성경적 신앙의 자유를 지키기 위해 합당한 절차에 따라 시시비비를 가리고자 했다. 그녀가 정직하게, 곧 성경과 교회 정치에 관한 자신의 지식과 실제가 하나 되게 하려 한 것이다. 그녀는 여성이라고 해서 교단의 교회론을 바르게 아는 일과 교회론이 훼손될 때에 목소리를 내야 하는 책임이 결코 줄어들지 않음을 잘 알고 있었다. 또한 한 교회에서 좌절했다고 하여 교회 전체를 향한 그녀의 사랑이 약해지지도 않았다.

1589년에 그녀의 가족은 소뮈르(Saumur)로 이사했다. 한편 왕은 프랑스의 왕좌를 차지하기 위하여 로마 가톨릭으로 개종하고는 필리프의 직책을 박탈했다. 집으로 돌아온 그는 샤를로트가 그동안 어느 개혁 교회의 건물을 짓는 일을 감독하고 거기에 비용을 댔다는 사실을 알게 되었다. 그리고 그 교회는 그가 돌아오고 나서 며칠이 지난 후에 봉헌식을 했다.

샤를로트는 자녀들을 교육하는 일에도 열정을 쏟았다. 그녀는 자녀들이 훗날 하나님 나라의 일에 귀하게 사용되기를 바라는 마음으로 그들을 가르쳤다. 당시 네덜란드에 살고 있던 아들에게 쓴 편지를 읽어 보자.

> 내 아들아, 네가 태어나기 전부터 하나님은 내게 소망을 주셔서 너를 그분의 일꾼으로 기르도록 하셨다. 너 역시 은혜와 훈계로 네 사명을 감당하게 하시는 그분께 이와 같이 서약해야 할 것이다. 네 아버지와 나는, 너를 위해서뿐만 아니라 네가 그분의 교회 안에서 빛을 발하면서 살도록 하기 위해서 필요한 교육을 받게 하고자 많이 노력하였단다.

아들아, 너는 젊을 뿐만 아니라 다양한 잠재력을 가지고 있단다. 그러나 시편 말씀을 잊지 말거라. "청년이 무엇으로 그의 행실을 깨끗하게 하리이까? 주의 말씀만 지킬 따름이니이다"(시 119:6). 또한 누구든지 너로 하여금 이 말씀에서 좌로든 우로든 떠나게 하려 하면, 시편 말씀으로 물리치거라. "나는 주를 경외하는 모든 자들과 주의 법도들을 지키는 자들의 친구라"(시 119:63).

그녀의 아들은 성숙한 기독교인으로 자랐다. 이는 참으로 그녀의 기도와 훈계에 대한 은혜로우신 하나님의 응답이었다.

그런데 이 아들은 1605년에 네덜란드를 위해 싸우다가 세상을 떠났고, 샤를로트는 이로 인해 매우 슬퍼했다. 결국 그 충격에서 헤어나지 못한 그녀는 몇 달 후에 아들의 뒤를 따라가고 말았다.

1606년 5월 7일 주일, 그녀는 오전 예배에 참석한 후 오후 예배에 가려고 했으나 건강에 이상이 찾아왔다. 다음 주일이 될 때까지 그녀의 병세는 더욱 나빠져 갔고, 남편에게서 더는 희망이 없다는 소식을 들어야만 했다. 그러나 그녀는 오히려 기쁘게 그 소식을 받아들이면서 이렇게 말했다. "나는 이제 그 무엇도 나를 하나님의 사랑에서 끊을 수 없음을 확신하며 그분께로 갑니다. 나의 구원자께서 살아 계시고, 모든 싸움에서 이기셨음을 압니다."

그녀를 치료하는 의사는 로마 가톨릭 신자였는데, 그녀를 위로하며 용기를 잃지 말라고 했다. 그러자 그녀는 "나의 용기는 위로부터 옵니다"라고 답했고, 인간의 구원이 오직 그리스도에게만 있음을 강조하며, 로마 가톨릭이 줄 수 없는 성경적인 참된 확신에 관해 이야기해 주었다. 다음 날, 교회 목사는 "아버지, 내 영혼을 아버지 손에 부탁하나이다"(눅 23:46)라는 그리스도의 말씀으로 그녀를 위로했고, 그녀는 "진리의 하나님 여호와여, 나를 속량하셨나이다"(시 31:5)라는 말씀으로 화답했다.

5월 15일, 그녀는 예수님의 이름을 부르면서 세상을 떠났다. 그녀의 남편은 그날을 다음과 같이 회상했다. "그녀는 내가 잘 살 수 있도록 도와주었고, 이제 경건하게 죽음으로써 내가 잘 죽을 수 있도록 가르쳐 주었다."

그녀가 죽기 전에 누군가가 그녀에 관해 다음과 같이 기록하였다.

> 동시대를 살았던 여성들 중 그녀처럼 모든 미덕을 두루 갖춘 여성은 없었다. 그녀는 명철했고, 보기 드물게 건전한 판단력을 지녔으며, 불굴의 투지와 선을 향한 강한 열망을 가지고 있었다. 그래서 그녀의 지인들은 아무리 고귀한 사람이라도 그녀에게서 책망을 들을까 봐 두려워했다. 게다가 그녀의 마음에는 가난한 자들을 향한 긍휼이 넘쳐흘렀다. 무엇보다 하나님의 영광과 그분의 교회를 향한 그녀의 열망은 지극히 뜨겁고도 확고했다.[11]

그녀를 경건한 여성의 모범으로 꼽을 수 있는 것은, 그녀가 교회를 위해

---

11) Hone, *Lives of Eminent Christians*, 107에서 인용.

헌신했으며, 특히 어렵고 슬픈 중에도 남편을 신뢰하고 그의 일을 도왔기 때문이다. 필리프 역시 그녀를 떠나보내느라 너무나 슬퍼하면서도 개혁의 일을 멈추지 않았고, 그로부터 17년 후에 아내와 함께 영광의 자리에 이르게 되었다.

8

샤를로트 드 부르봉

(Charlotte de Bourbon)

16세기의 프랑스 왕은 대부분 발루아 왕조에서 나왔다. 그런데 부르봉 가문에도 왕위 계승권자들이 있었다. 그 밖에도 부르봉가에는 군대나 종교와 관련된 인물들도 있었다. 샤를로트 드 부르봉(1546년경-1582년)은 로마 가톨릭 신자였던 몽팡시에(Montpensier)의 공작 루이 드 부르봉(Louis de Bourbon)의 넷째 딸이었으며, 공작의 아내는 재클린 드 롱위(Jaqueline de Longwy)였다.[1)]

1) 굿이 샤를로트의 어린 시절에 관해 설명한 바에 따르면, 그녀의 어머니는 개혁신앙을 가졌고, 딸들에게 비밀리에 개신교 교리를 가르쳤으며, 그들이 집을 떠날 때에 그들을 위하여 기도해 주었다고 한다. 그러나 아쉽게도 이에 대한 근거 자료가 없다. 오히려 브룸홀(Broomhall)은 샤를로트의 어머니가 그녀에게 편지하여 그녀의 뜻과 달리 수녀원에 남아 있으라고 엄하게 타일렀다는 증거를 제시한다. Broomhall, *Women and Religion*, 30,32-38. 베인튼과 또 다른 학자들은 그녀의 어머니가 로마 가톨릭 신자였다고 판단한다. 그녀의 어머니는 카트린 드 메디시스의 친구로서 프랑스 궁정의 일을 적극적으로 도왔고, 생애 마지막 2년 정도만 개신교 목사의 설교를 들었다. 그러므로 딸들의 신학적 입장에 어머니가 미친 영향은 거의 없거나 매우 적었을 것이 분명하다. 아버지는 프랑스 왕가의 친척이었고, 로마에 대한 충성을 절대

공작은 경제적으로 어려워서 다섯 딸들을 시집 보낼 만한 지참금을 마련하기가 힘들었다. 그래서 그중 셋을 수녀원으로 보냈다. 공작의 친구들은 그렇게 많은 자녀를 교회에 바치는 것이 자기를 부인하는 행동이라고 칭송했다.

그러나 사람이 자기 길을 계획할지라도 그 길을 인도하시는 분은 하나님이시다. 그녀의 아버지는 수녀원에 보낸 자기 딸이 프랑스인으로서 네덜란드 개혁 교회의 왕녀가 되리라고는 상상조차 못 했을 것이다.

샤를로트는 아주 어린 나이에 노르망디에 있는 주아르 노트르담(Notre-Dame de Jouarre) 수녀원으로 보내졌고, 열둘 혹은 열세 살에 자신의 의지와는 상관없이 서약하도록 강요받았다. 그러나 그녀는 그에 대해 항의서를 작성하였고, 그녀의 처지를 딱하게 여긴 수녀들을 증인으로 세워 서명을 받았다. 1563년 혹은 1564년에 그녀는 수녀원장이 되었다. 당시에는 흔히 이처럼 사회적 지위가 높은 사람을 수도원이나 수녀원 같은 곳의 지도자 자리에 앉혔다. 샤를로트도 부르봉 왕족이었기에 수녀원장이 될 수 있었다. 그러나 이러한 "승진"도 그녀의 뜻에 반하는 것이었다. 임직식 당일에 그녀는 너무나 화가 나서 흐느끼느라 제대로 말도 하지 못했다.[2)]

샤를로트가 수녀원에서 자라는 동안 프랑스 종교개혁에 큰 시련이 닥쳤다. 그녀는 이러한 상황의 변화를 예의 주시했다. 그녀는 비록 수녀였지만 은밀히 개신교를 지지하고 있었기 때문이다. 수녀원장이었던 그녀는 자

저버리지 않았다.

2) Bainton, *France and England*, 89; Broomhall, *Women and Religion*, 35,36.

신이 감독하고 있는 수녀들에게 종교개혁의 교리를 조금씩 가르칠 수 있었다.[3] 그러다가 1571년에 샤를로트는 의심을 받게 되었고, 자신의 권위 아래 있는 수녀들을 영적으로 타락시킨다는 이유로 고소를 당했다. 그러자 그녀는 잔 달브레에게 조언을 구했고, "도망치라"라는 답을 받았다. 1572년 2월, 샤를로트는 다른 수녀 두 명과 함께 이웃 수녀원을 방문하는 척하면서 자신의 수녀원을 떠났다.[4]

그녀는 부용의 공작 부인이자 개혁신앙인이었던 자기 언니의 집으로 갔다. 그러나 위기가 계속되자 그녀는 하이델베르크로 갔다. 그곳에서 그녀는 팔츠(Pfalz)의 선제후 프리드리히 3세를 만났다. 그는 그녀를 자신의 딸처럼 맞아 주었다. 잘 알려진 대로 프리드리히 3세는 하이델베르크 교리문답을 작성하도록 지시했던 인물이며, 개혁파 신앙인들에게 자신의 영토를 피난처로 제공하며 그들을 보호했다. 그곳에 도착하자마자 샤를로트는 로마 가톨릭 신앙을 공개적으로 부인하며 개혁 교회로 돌아섰다. 또한 자신의 뜻과 상관없이 강제로 수녀원에 보내진 사실과 그에 대해 수년 전에 서명을 받아 두었던 항의서를 공개했다.

아직 생존해 있던 그녀의 아버지는 딸이 수녀원을 탈출했다는 소식을 듣고 격분했다. 그녀가 신앙고백을 통해 수녀원을 떠나는 이유를 스스로 표명하였는데도 온갖 억측과 소문이 난무했다. 어떤 이는 그녀가 사랑에

---

3) 수녀들 사이에 세대 분리가 나타난 것으로 보인다. 젊은 수녀들은 새로운 가르침에 훨씬 열려 있었고, 자신의 의사에 반해 수녀원에 보내지는 데에도 반대했다. Broomhall, *Women and Religion*, 36.

4) Broomhall, *Women and Religion*, 28.

빠져서 수녀원을 떠났다고 했고, 또 다른 이는 그녀가 수녀원의 재산을 가지고 도주했다고 했다. 공작은 다른 수녀들과 면담을 하는 등 샤를로트가 사라진 이유를 알아내기 위해 남은 가족들과 함께 비밀리에 조사에 나섰다.[5] 그리하여 명백한 이유를 밝혀 냈다. 샤를로트는 강제로 수녀원에 보내졌고, 자신의 뜻이 아니었지만 부모를 기쁘게 하기 위해 그곳에 있었다. 그러다가 개혁주의 교리에 확신을 가지게 되었고, 이에 이단으로 의심을 받게 되자 다른 개신교인들의 권유에 따라 그곳을 떠난 것이다.[6] 그러나 이러한 이유가 로마 가톨릭 신자인 아버지의 화를 가라앉힐 수는 없었다.

샤를로트의 도피 소식은 다른 나라로까지 퍼져 나갔다. "그렇게 세간의 이목이 집중되는 인물이 개종하는 일은 위그노의 승리처럼 전해지기 마련이었고, 또한 가톨릭 공동체로서는 장황한 변명거리가 필요한 일이기도 했다."[7] 프랑스 궁정이 이 사건을 맡았고, 그녀를 찾아내 엄중히 처벌하라고 명령했다.

그러자 선제후 프리드리히는 1572년 3월 15일에 샤를로트의 아버지에게 편지를 보내, 그의 딸이 안식처를 찾아 자신이 있는 곳으로 왔고, 그녀가 스스로의 양심에 따라 그렇게 결정한 것이므로 자신도 그녀를 받아들였다고 알려 왔다. 그러나 샤를로트의 아버지는 그녀가 수녀원을 떠났다는 사실에 분개했고, 결코 그 분노가 사그라들지 않았다. 만일 그녀가 로

5) Broomhall, *Women and Religion*, 31.

6) Broomhall, *Women and Religion*, 30-38.

7) Broomhall, *Women and Religion*, 39.

마 가톨릭에 남아 있기만 했더라면, 그가 딸을 용서했을지도 모른다. 그러나 개신교인이 된 것은 도저히 용납할 수 없는 일이었다.

그는 프리드리히가 있는 곳까지 가서 그의 의중을 캐물었다. "아버지를 떠나 도망친 자식을 받아들이는 것은 부끄러운 일이 아닙니까? 그런 아이들을 잘 타일러 돌려보내는 것이 더 합당하지 않습니까?" 그러나 프리드리히는 조금도 위축되지 않고 개신교를 위해 헌신하는 믿음의 동료들을 지키고자 노력하였다. 그는 침착하게 샤를로트의 아버지에게, 만약 프랑스에서도 그녀에게 개혁주의 신앙으로 예배할 수 있는 자유가 보장된다면 얼마든지 그녀를 돌려보낼 의향이 있다고 대답했다.

프리드리히는 프랑스 왕 샤를 9세에게도 비슷한 내용으로 편지를 써 보냈다. 그러자 프랑스 왕은 샤를로트에게 신앙의 자유를 허락할 의사가 있다고 선언했고, 그녀를 데려오기 위해 하이델베르크로 보낼 전령을 임명했다. 그러나 그녀의 아버지는 완강했다. "만약 그 아이가 개신교를 고집한다면, 괜히 프랑스로 돌아와 모든 이의 분노를 사고 나의 노년을 불행하게 만드느니 그냥 독일에 있으라고 하겠습니다." 프랑스 왕이 보낸 전령들이 하이델베르크에 도착했으나, 샤를로트는 아버지가 자신의 개종에 동의하지 않으니 프랑스로 돌아가지 않겠다고 했다. 본래 그녀는 나바르로 가서 잔 달브레와 함께 지내려고 계획했지만, 그것은 너무나 위험했다.[8] 그래서 그녀는 하이델베르크에 있는 팔츠의 궁정에 머물렀다.

---

8) Bainton, *France and England*, 91.

1572년 4월, 팔츠의 궁정에서 프리드리히의 친절한 돌봄을 받으면서 살고 있었던 샤를로트는 지원군을 요청하기 위해 독일을 방문한 빌럼 판 오라녀(침묵공 빌럼)를 만나게 되었다. 빈털터리로 도망한 수녀였던 그녀와 가톨릭 천지인 온 유럽에서 쫓기는 그가 만난 것이다. 두 사람은 곧 결혼하기로 하였다.[9)]

서류상으로 보면, 이들의 결혼은 그럴듯해 보였다. 빌럼은 네덜란드의 통치자였고, 샤를로트는 프랑스 왕가의 왕녀였기 때문이다. 그러나 사실 이것은 커다란 용기가 필요한 결혼이었다. 정치적 평화를 위해서는 결혼식 전에 프랑스 왕가의 동의를 얻어야 했는데, 프랑스 왕은 이에 대해 가타부타 말하려 하지 않았다. 그러자 네덜란드 궁정은 '침묵은 긍정'이라는 원리에 따라, 특별히 프랑스 왕 샤를이 이의를 제기하지 않겠다고 말한 것에 따라 이들의 결혼을 받아들였다. 그 밖에도 다른 어려움이 있었지만, 그들은 1575년 6월 24일에 안트베르프(Antwerp)에서 결혼식을 올렸다.

그들의 결혼 생활은 참으로 행복했다. 남편과 아내 모두가 신자였고, 같은 사랑, 같은 목표, 그리고 같은 소망을 품고 있었다. 빌럼의 동생인 요한(Johann)은 샤를로트를 가리켜, "미덕과 경건과 지성이 탁월한 아내"라고 했다. 그들은 서로의 부족함을 알맞게 채워 주었다. 샤를로트는 생기발랄하게 남편을 도왔으며, "그는 그녀를 소중히 여기며 사랑했다."[10)] 모든 사

9) Bainton, *France and England*, 99. 샤를로트와의 결혼은 빌럼이 개신교인으로서 올린 첫 번째 혼인이었다. 그는 샤를로트를 만나기 전에 로마 가톨릭에서 개신교로 개종했다.

10) 나사우-딜렌부르크(Nassau-Dillenburg)의 공작 요한 6세(Johann Ⅵ), James Anderson, *Ladies of the Reformation* (London: Blackie and Son, 1858), 652에서 인용.

람들이 빌럼과 샤를로트의 관계가 보기 드물게 행복하고도 조화로웠다고 증언했다.

그런데 샤를로트의 결혼 생활에는 걱정과 근심도 있었다. 남편이 스페인과 목숨을 건 전쟁을 치르고 있었기 때문이다. 스페인은 이전부터 빌럼을 없애기 위해 온갖 수단을 다 동원해 왔는데, 이제는 그의 결혼이 적법하지 않다고 문제를 삼으려 했다. 빌럼이 외도를 저지른 두 번째 아내와 별거하고 있었기 때문이다.[11] 그래서 빌럼은 유럽의 다른 궁정들에 공개적으로 서한을 보내, 스페인의 펠리페 2세가 사악하게 간음과 근친상간을 저질렀다고 밝혔다.

집안에도 살펴야 할 일들이 많았다. 샤를로트는 빌럼이 이전의 결혼에서 낳은 아들 둘과 딸 셋, 그리고 그의 남자 조카 한 명과 여자 조카 두 명까지 돌보았다. 게다가 샤를로트 자신도 1576년에서 1581년 사이에 여섯 명의 딸을 낳았다. 그녀는 온 힘을 다해 이 모든 아이들을 교육했고, 그 결과 훗날 이들은 모두 유능한 인재들이 되었다.

또한 그녀는 종종 빌럼의 비서로서 행정 일을 돕기도 했다. 빌럼은 자신이 소유한 플랑드르(Flanders)의 모든 토지를 아내에게 맡겼다. 샤를로트는 그가 집을 떠나 있을 때면 집안의 모든 일을 빠짐없이 남편에게 전해주었다. 뿐만 아니라 백성들이 합리적인 불만을 토로할 때에는 빌럼에게

---

11) 빌럼의 첫 번째 아내인 에그몬트의 안나(Anna of Egmond)는 1558년에 죽었다. 두 번째 아내인 작센의 안나(Anna of Sachsen)는 수년 동안 불행한 결혼 생활과 알코올 중독을 이어 가다가 간음을 저질러 체포되었다. 그녀와 그녀의 간음 상대가 자백했고 부적절한 자녀가 태어났는데도, 그녀의 가족은 빌럼과 이혼하는 데 계속 반대했다. 두 번째 아내는 1577년에 사망했다.

조언해 주며 중재자 역할을 하기도 했다.[12)]

1580년, 펠리페 2세는 누구든지 산 채로든 죽여서든 빌럼을 잡아 스페인 궁정으로 데려오는 사람에게 25,000크라운(crown)[13)]의 엄청난 현상금을 주겠다고 선포했다. 그는 빌럼과 샤를로트의 결혼을 맹비난했다. 이 때문에 분노한 샤를로트의 아버지는, 그들의 결혼과 자녀들은 적법하며 자신도 그 결혼을 축복했다는 성명을 발표했다.[14)]

이 일로 가족이 화해한 것은 반가운 일이었다. 그러나 건강이 좋지 않은 샤를로트에게 스페인의 괴롭힘은 큰 근심거리였다. 그녀는 남편이 목숨을 잃을까 봐 늘 두려워했다. 1577년에 그녀가 남편에게 쓴 편지에는 그런 마음이 잘 나타나 있다. "몸조심하세요. 부디 건강을 더 세심히 챙기시기를 부탁드려요."[15)] 그녀는 남편에게 거듭 조심하라고 신신당부하면서, 공개적인 자리에서 식사하지도 말고 낯선 사람을 함부로 가까이하지도 말라고 일러 주었다. 그러나 빌럼은 나라의 안위를 너무나 걱정한 나머지 자기 자신에게는 소홀했다. 아내의 당부를 좀 더 진지하게 받아들이지 못한 것이다.

1582년 3월 18일 주일, 샤를로트가 두려워하던 일이 일어나고 말았다.

---

12) Bainton, *France and England*, 101.

13) 역자주 - 크라운은 16세기 중반에 영국의 대형 은화로 시작된 화폐 단위이다. 지금은 노르웨이와 스웨덴, 덴마크, 아이슬란드, 체코 등의 북서유럽 국가에서 사용하고 있으며, 나라마다 크로네(krone), 크로나(krona), 코루나(koruna) 등 그 명칭이 다르다.

14) Bainton, *France and England*, 104,105.

15) Anderson, *Ladies of the Reformation*, 651에서 인용.

두 명의 스페인 사람, 곧 안트베르프의 도산해 가던 은행의 주인과 그의 하인이 빌럼을 암살하려고 계획을 세운 것이다. 하인이 계획을 실행하면 주인이 현상금을 나누어 가지려고 했다.

하인인 데 하우레기(de Jauregui)가 빌럼을 살해하러 가기 전, 로마 가톨릭의 사제는 그의 모든 죄를 사해 주고 그를 위해 미사를 베풀었으며, 그의 생명을 지켜 줄 부적을 건넸다. 또한 사제는 혹시나 그가 용기를 잃을까 봐 성까지 동행해 주었고, 떠날 때에는 그의 일을 축복해 주었다. 이 일을 두고 어느 역사가는 "살인 위에 세례를 베푸는 것……그것이 바로 예수회의 도덕성이다"라고 평가했다.[16]

주일 아침에 빌럼은 개혁 교회 예배에 참석하였고, 저녁에는 샤를로트와 자녀들, 그리고 궁정에서 온 다른 사람들과 함께 식사를 했다. 바로 이 식사 자리에 암살자가 진입하려 했으나 하인들이 그를 막았다. 저녁 식사 후에 빌럼은 어느 백작에게 전쟁 장면이 그려진 벽의 그림들을 보여 주고 있었다. 이때 데 하우레기가 다시금 침입을 시도했으나 이번에도 하인들이 그를 막아섰다. 그런데 빌럼은 아무런 의심 없이 데 하우레기가 자기를 보러 온 평범한 시민일 것이라 생각하고는 하인들을 꾸짖고 그를 들어오게 했다.

기회를 포착한 암살자는 가까이 다가가 백작의 어깨 너머로 총을 쏘았다. 빌럼은 머리에 심한 부상을 입었다. 총알이 오른쪽 귀 아래로 들어가

16) Anderson, *Ladies of the Reformation*, 657.

여러 개의 치아를 부수면서 입천장을 뚫고 지나 왼쪽 뺨으로 빠져나간 것이다. 순간적으로 빌럼은 무슨 일이 일어났는지를 파악하지 못하는 듯했다. 정신을 차린 그가 데 하우레기를 놓아주라고 했으나, 암살자는 이미 경비대와 다른 이들의 칼에 공격을 받아 죽은 뒤였다.

샤를로트는 총성을 듣고서 급히 남편에게로 달려갔다. 그러고는 머리에서 피를 흘리며 쓰러져 있는 그를 보더니 실신하고 말았다. 이윽고 정신을 차린 샤를로트는 남편을 극진히 간호했다. 빌럼은 총상으로 인해 내출혈이 심한 상태였다. 사건이 일어나고 나서 열흘이 지났을 때, 경정맥의 상처에서 딱지가 떨어지면서 출혈이 더욱 심해졌고, 빌럼의 생명은 다시 위태로워졌다. 그러나 샤를로트와 가족들과 하인들이 혈관을 막아 빌럼의 목숨을 구했다. 그리고 4월 12일 무렵에는 그가 회복되었음을 확신할 수 있었다.[17)]

홀란트의 개혁신앙인들은 하나님께서 그들의 통치자를 살려 주신 것에 깊이 감사했다. 5월 2일, 그들은 빌럼이 회복된 것에 감사하며 안트베르프에서 예배를 드렸다. 빌럼과 샤를로트도 이 예배에 참석했다.

그러나 빌럼이 회복되기까지 너무나 큰 걱정과 근심에 시달렸던 샤를로트는 예배 직후 쓰러져 다시 일어나지 못했다. 그리고 1582년 5월 5일, 그녀는 세상을 떠났다. 빌럼은 안트베르프의 아름다운 노트르담 대성당에 그녀를 묻었다.

---

17) Anderson, *Ladies of the Reformation*, 661.

샤를로트의 이야기는 개혁신앙의 힘을 보여 준다. 그녀의 딸은, 과거에 홀로 도피하고 있던 샤를로트를 친절하게 보살펴 주고 좋은 친구가 되어 주었던 선제후 프리드리히의 아들과 결혼했다. 영국의 빅토리아 여왕은 그녀의 자손 중 한 명이다. 이렇게 샤를로트는 명실상부한 왕가의 조상이 되었다. 수녀였던 그녀가 개혁신앙의 신자가 되었고, 왕녀였던 그녀가 왕의 어머니가 되었으며, 성도였던 그녀가 천국의 종이 되었다.

9

루이즈 드 콜리니

(Louise de Coligny)

위대한 위그노인 가스파르 드 콜리니 제독에게는 네 명의 자녀가 있었는데, 루이즈는 1555년에 첫째로 태어났다.[1] 가스파르 제독과 그의 아내 샤를로트는 자녀들에게 개혁신앙에 대한 헌신을 유산으로 물려주었다. 또한 자녀들이 스스로 성경적인 신앙 위에 굳게 설 뿐만 아니라 개신교를 지켜 내고 전파하기를 바라면서, 그들에게 좋은 교육을 받게 했다. 이 부부는 사적으로든 공적으로든 그들의 신앙을 중요하게 여겼고, 이제 갓 싹을 틔운 프랑스 교회를 지키기 위해서라면 무엇이든 희생하리라 각오하고 있었다.

루이즈가 어렸을 적에, 그녀의 아버지는 위그노 전쟁에서 진리를 수호

---

1) 그녀는 편지에 자신의 이름을 'Louyse'라고 표기했지만, 공식적인 철자는 'Louise'이다. *Correspondence de Louise de Coligny Princess d'Orange (1555-1620)* (1887; repr., Geneve: Slatkine Reprints, 1970).

하기 위해 싸우느라 바쁘고 힘든데도 시간을 내 딸에게 편지를 쓰곤 했다. 그는 딸의 믿음을 세워 주었고, 이 땅에서 가진 것을 모두 빼앗긴다 하더라도 그런 것들은 하늘에 쌓인 보물과 비교할 수도 없으며, 또한 하늘에 쌓인 그 보물은 로마 가톨릭이 결코 빼앗을 수 없으므로 절대 슬퍼하지 말라고 되새겨 주었다.

청년들은 루이즈의 빼어난 외모와 재능을 보고서 그녀의 마음을 얻으려 했는데, 샤를 드 텔리니(Charles de Téligny)도 그중 하나였다. 그는 드 콜리니 제독의 특사였으며, 나이가 어린데도 위그노의 지도자 역할을 감당했다. 그는 루이즈에게 청혼했고, 그녀의 아버지는 딸에게 다음과 같이 조언했다. "다른 청년들도 있다는 것을 안다. 더 부유하고 지위가 높은 청년들도 있겠지. 그러나 아버지는 드 텔리니가 네 남편감으로 어울린다고 본다. 내가 알기로 그가 참으로 보기 드물게 좋은 자질들을 가지고 있기 때문이란다. 아버지는 그래야 네 삶이 진정으로 행복해질 수 있을 것 같아서 이렇게 조언한단다. 물질이 많거나 지위가 높은 것보다 그런 것이 더욱 중요하지 않겠니?"[2]

루이즈와 샤를은 1571년 라로셸에서, 혼자가 된 아버지와 함께 합동 결혼식을 올렸다. 때마침 프랑스와의 전쟁이 중단된 상황이었다. 당시 라로셸을 다스리던 잔 달브레도 이 결혼식에 참석했다.[3]

그러나 평화는 오래가지 않았다. 앙리 드 나바르와 프랑스의 마르그리

---

2) Anderson, *Ladies of the Reformation*, 670에서 인용.

3) Roelker, *Queen of Navarre*, 322.

트 드 발루아가 결혼식을 할 때, 드 콜리니는 그 자리에 참석하기 위해 딸 부부와 함께 파리로 갔다. 누군가가 드 텔리니에게 편지를 보내 그곳에 가지 말라고 경고했으나, 그는 장인과 마찬가지로 뚜렷한 근거 없이 누군가를 의심하지 않으려고 했다. 그리고 1572년 8월 22일 자정, 루브르 궁 맞은편에 있는 교회의 종이 울리면서 대학살의 신호탄이 울렸고, 파리와 인근 지역에서 수천 명의 위그노들이 무참히 살해되었다. 이때 루이즈의 아버지와 남편도 희생되었다.

로마 가톨릭은 그녀의 아버지인 드 콜리니를 그가 머물고 있는 방에서 잔혹하게 죽이고는, 마치 자기들의 승전보를 울리듯이 그의 몸을 창문 밖 길거리로 던져 버렸다. 그녀의 남편인 드 텔리니는 드 콜리니의 동료와 함께 가까스로 탈출해 지붕으로 올라갔다. 드 텔리니를 죽이라는 명령을 받은 경비대원은 너무나 잘 알려진 그를 죽일 용기를 내지 못했다. 그러자 앙주(Anjou)의 공작은 자신의 군인에게 명령하여 그를 죽였다.

루이즈가 어떻게 그 도시에서 빠져나왔는지는 알려져 있지 않으나, 분명히 혼자 걸어서 도망쳤을 것이다. 그녀는 최대한 빨리 부르고뉴(Bourgogne)의 샤티용(Châtillon)에 있는 아버지의 성으로 달려가 새어머니와 형제들에게 피신하라고 경고했다. 그녀가 얼마나 재빨리 탈출했는지, 학살의 소식이 전해지기도 전에 그녀가 먼저 성에 도착했다.

그 소식은 가족들에게 날벼락과 같았다. 그러나 슬퍼할 시간이 없었다. 서둘러 몸을 피해야만 했으나, 그럴 시간도 넉넉하지 않았다. 그들은 각자 흩어져 도망치는 것이 가장 안전하겠다고 판단했다. 루이즈의 남동생 둘과 새어머니는 각각 안전하게 피신하는 데 성공했고, 루이즈도 사촌 한 명을 데리고 제네바(Geneva)로 도망했다. 그러나 그녀의 막내 남동생은 잡혀서 파리로 끌려가고 말았다.

루이즈는 열일곱 살에 고아와 과부와 나그네가 되었고, 로마 가톨릭이 아버지의 재산을 모두 몰수하는 바람에 가난에 시달리게 되었다. 그녀는 제네바에 잠시 머물다가 베른으로 이동했고, 다시 바젤로 옮겨 갔다. 프랑스가 그녀에게 개혁신앙을 버리면 가족의 재산을 되돌려 주겠다고 제안했지만, 그녀는 가난한 신자의 삶을 택했다. 그녀는 대학살을 보면서 로마 가톨릭에 대한 자신의 입장을 확실히 굳혔고, 그 무엇도 그녀의 마음을 돌릴 수 없었다.

그 후로 10여 년 동안 루이즈가 어떻게 살았는지는 거의 알려지지 않았다. 샤를로트 드 부르봉에게 은신처를 제공했던 선제후 프리드리히가 그녀의 도피 생활을 도왔다는 이야기가 전해지기도 한다.

어느 날, 대학살을 주도한 앙주의 공작이 폴란드로 가는 길에 하이델베르크를 지나게 되었다. 시민들은 예상치 못한 그의 방문을 본체만체하였으나, 프리드리히는 공작을 자신의 성으로 너그럽게 맞이해 휴식처와 음식을 베풀었다. 그러나 프리드리히는 정치적인 예우와는 별개로 껄끄러운 주제를 서슴없이 꺼내 들었다. 그는 공작을 데리고 성 안을 구경시켜 주면서 초상화들이 걸려 있는 화랑으로 안내했다. 그러더니 드 콜리니의 초상화를 가리키면서 그가 누구인지 아느냐고 공작에게 물었다. 그러자 공작이 대답했다. "그럼요. 고(故) 드 콜리니 제독이지요."

프리드리히는 당당하게 말했다. "맞습니다. 남자 중의 남자요, 온 유럽에서 가장 지혜롭고 훌륭한 지도자이지요. 그분의 자녀들을 제가 보호하고 있습니다. 프랑스의 개들이 그들의 아버지에게 했던 것처럼 그들을 갈기갈기 물어뜯지 못하도록 말이죠."

순간 공작은 어쩔 줄 몰라 했으나 프리드리히는 말을 이어 갔다. "내가 아는 프랑스의 영주들 중에 이분만큼 프랑스인의 이름을 드높이기 위해 열정적으로 사셨던 분을 찾아보지 못했습니다. 단언컨대, 이분을 잃은 것은 프랑스의 왕과 국민 모두에게 그 무엇으로도 대신할 수 없는 큰 손실입니다."

공작은 당시에 위그노가 음모를 꾀하고 있었다고 하면서 드 콜리니의 죽음에 대해 변명하려고 했다. 그러자 프리드리히는 그의 말을 끊으며 대답했다. "네, 그건 모두가 알고 있습니다."

한편 빌럼 판 오라녀는 세 번째 아내인 샤를로트 드 부르봉이 세상을 떠난 후에 루이즈에게 청혼했다. 그는 그녀를 맞아들이면서 지참금을 요구하지 않았고, 그녀 역시 자신이 존경할 만한 능력과 목표를 가진 남편을 만나게 되어 기뻐했다. 그들은 1583년 4월 2일에 안트베르프에서 결혼식을 올리고, 이내 델프트(Delft)로 옮겨 거처를 마련했다.

네덜란드 사람들은 처음에는 빌럼이 프랑스인 아내를 얻자 미심쩍어했다. 그러나 곧 모두가 그녀를 사랑하게 되었다. 루이즈도 네덜란드 사람들이, 심지어 상류층 사람들까지 단순하고도 절제된 삶을 사는 모습에 놀랐다. 시간이 가면서 그녀는 그들의 생활 양식을 높이 샀고, 그것을 받아들이게 되었다. 그녀의 친절한 성품 덕분에 친구도 많아졌다. 한 전기 작가는 그녀를 다음과 같이 묘사한다. "그녀는 작고 다부진 체격에 이목구비가 섬세하고, 얼굴에는 총기가 흘렀다. 그녀의 검은 눈은 매우 아름다웠으나, 몇 년 후에는 다 흘리지 못한 눈물로 흐려지기도 했다. 또한 그녀는 놀라운 정신력과 천사같이 온화한 성품을 가지고 있었다." 빌럼의 딸 루이즈도 아버지의 새 아내를 좋아하게 되었다. "새어머니는 우리 모두를 사랑하시고 너무나 잘 돌봐 주십니다."[4)]

루이즈는 육체적으로나 정신적으로나 샤를로트보다 더 강인했다. 그녀는 빌럼의 일도 더 잘 도울 수 있었으며, 그래서 빌럼에게는 의지할 수 있는 조언자이자 사랑하는 아내였고, 아이들에게는 능력 있는 어머니였다. 1584년 2월 28일에 그녀는 아들 프레데릭 헨드릭(Frederik Hendrik)을 낳았고, 이 아이가 커서 아버지의 칭호와 작위를 물려받았다. 온 나라가 그녀의 출산을 기뻐했다.

과거에 샤를로트가 그러했듯이, 루이즈도 남편이 살해당할까 봐 두려워했다. 1582년의 시도는 실패하였지만, 펠리페 2세는 여전히 빌럼의 목숨에 큰 현상금을 걸어 두었다. 루이즈의 두려움은 막연한 것이 아니었다. 빌럼을 살해하려는 사람이 이미 궁전에 들어와 있었기 때문이다. 그의 이름은 제라르(Gerard)였으며, 스페인이 통치하는 프랑스 지역 출신이었다. 그는 로마 가톨릭에 충성하였고, 거액의 현상금을 바라면서 6년 동안이나 계

---

4) Bainton, *France and England*, 118에서 인용.

획을 세웠다.

1584년 5월에 델프트로 온 그는 가명을 써 빌럼의 시중을 드는 자리에 오르게 되었고, 빌럼의 돈으로 권총까지 마련했다. 빌럼은 제라르에게 속아 넘어갔지만, 루이즈는 의심을 품었다. 그래서 남편에게 물었다. "저 음흉하게 생긴 사람은 누구죠? 무엇을 원하는 건가요?" 그러자 빌럼은 "여권이 필요하다고 해서 내가 마련해 주려고 하오"라고 대답했다.

저녁 식사를 마치고 자리에서 일어나 복도로 나간 빌럼은 계단 아래에서 제라르와 마주쳤다. 제라르는 여권에 빌럼의 서명을 받으려는 것처럼 한 손에 여권을 들고 있었으나, 다른 한 손에는 권총을 숨기고 있었다. 그리고 빌럼이 눈을 돌리는 순간, 제라르는 그의 몸에 총알을 세 발 쏘았다. 빌럼은 치명상을 입고 비틀거리면서 프랑스어로 소리쳤다. "오, 나의 하나님, 내 영혼을 불쌍히 여기시고, 이 가엾은 백성에게 자비를 베푸소서."

한 하인이 쓰러진 그를 붙잡아 계단에 앉혔고, 루이즈와 빌럼의 누이가 곧바로 그의 곁으로 달려왔다. 누이는 그가 죽어 가고 있다는 것을 직감하고는 독일어로 그의 영혼을 그리스도께 맡기겠느냐고 물었다. 그는 그러겠노라고 대답했다. 이것이 그가 남긴 마지막 말이었다. 하인들이 그를 침대로 옮겼으나, 그는 이내 숨을 거두었다. 1584년 7월 10일의 일이었다.

루이즈는 슬픔에 잠겼다. 서른두 살의 나이에 그녀는 두 명의 남편을 잃은 것이다. 빌럼의 참혹한 죽음은 첫 번째 남편이 암살당했던 기억까지 불러와 그녀를 더욱 고통스럽게 만들었다. 열여덟 살의 마우리츠가 빌럼이 감당했던 지도자의 자리를 맡게 되자, 루이즈는 가르치고 조언하는 역할까지 짊어지게 되었다.

시련의 시간을 지나면서 그녀는 하나님을 신뢰하게 되었고, 그래서 더욱 경건한 모습으로 자신의 슬픔을 견뎌 낼 수 있었다. 한 전기 작가는 이렇게 표현한다. "그녀는 유럽에서 가장 위대한 남성에게서 태어나 굉장히 탁월한 재능을 지닌 두 남성과 부부가 되는 복을 받았다. 특히 마지막 남편은 후대에 불멸의 명성을 남긴 사람이었다. 반면 그녀는 그 세 남성 모두를 너무나 갑작스럽고도 참혹하게 잃는 불행을 겪었다. 그녀에게 남은 삶은 끝없는 고통의 연속이었고, 그 고통 가운데 언제 쓰러져도 이상하지 않을 일들뿐이었다. 그러나 사람이 이와 같은 일을 겪으면 그 영혼을 전적으로 하나님의 뜻에 맡길 수밖에 없어진다."

빌럼은 첫 번째 암살 시도가 있고 나서 약 2년 뒤에 암살되었다. 루이즈는 결혼 15개월 만에 과부가 되었고, 막막한 생계와 더불어 빌럼의 자녀들과 자신의 6개월 된 아이만이 그녀에게 남겨졌다. 그녀는 남편의 동생에게 이렇게 편지했다. "아이들과 내가 어떻게 이 가문의 명예를 지키며 살아나갈 수 있을지 모르겠습니다."[5] 그러나 네덜란드의 다른 지역에서 해마다 20,000프랑(franc)[6] 정도의 지원금을 그녀에게 보내 주었고, 이렇게 하나님은 그녀의 여생을 돌보셨다.

---

5) 빌럼이 암살당한 후에 루이즈는 빌럼의 동생에게 몇 차례 편지하여 아이들에게 아버지가 없으니 도와 달라고 요청하였다. 다음을 참고하라. Louise de Coligny to Jean de Nassau, July 26, 1584, in *Correspondence de Louise de Coligny*, 8,9-14.

6) 역자주 - 프랑은 유로화 이전 옛 프랑스의 화폐 단위로, 룩셈부르크나 벨기에도 이 화폐를 사용했다. 스위스는 지금도 스위스 프랑을 사용하고 있으며, 프랑스의 식민지였던 아프리카의 여러 나라에서도 여전히 프랑을 화폐 단위로 사용하고 있다.

빌렘이 죽자 마우리츠는 여전히 스페인과 전쟁 중인 나라의 지도자가 되었다.[7] 1585년, 스페인은 고전 중인 네덜란드를 더욱 밀어붙여 중요한 도시들을 탈취하였고, 네덜란드는 위험에 처했다. 그래서 영국의 엘리자베스 1세 여왕은 레스터(Leicester)의 백작이 지휘하는 군대를 파병해 개신교도를 도와주었다. 루이즈는 전투에 직접 뛰어들 수 없었으나, 기회가 될 때마다 백작에게 편지를 쓰거나 영국 추밀원의 서기를 특사로 보내는 등 후방에서 싸움을 도왔다.[8] 네덜란드는 동맹국의 협력으로 스페인을 격퇴하는 데 성공하고 그해 8월에 조약을 맺었으며, 그로 인해 루이즈도 격렬했던 그 싸움에서 다소 숨을 돌릴 수 있었다. 그러나 그녀는 여전히 일을 멈추지 않았다.

그녀는 영국 및 프랑스와 국제적인 연대를 형성하기 위하여 많은 시간을 쏟았고, 네덜란드 삼부회(Dutch Estates General)와 각 주의 서기들에게 편지를 쓰는 일에도 힘썼다. 또한 빌렘이 낳은 마우리츠를 "내 아들"이라고 부르면서 편지를 보내, 그의 아버지에게 했던 것처럼 그에게도 조언을 전했다.[9] 뿐만 아니라 가정의 여러 가지 다른 일에도 소홀하지 않았다.

빌렘이 이전의 아내에게서 낳은 딸들을 교육하는 일도 이제 루이즈가

---

7) 빌렘의 장남인 필립스 빌렘(Filips Willem)은 스페인으로 잡혀가 로마 가톨릭교도로 자랐다. 그래서 개신교 국가인 네덜란드는 마우리츠를 빌렘의 후계자로 세웠다.

8) 레스터의 백작이었던 로버트 두들리(Robert Dudley)는 영국의 청교도를 수호하는 사람이었다. 그는 빌렘 판 오라녀의 친구로 칼빈주의 저지대 국가들을 정신적으로 후원했으며, 마우리츠를 지원하고 있었다. *Correspondence de Louise de Coligny*, 22-24,27-30,36-41에서 그녀가 쓴 다른 편지들도 보라.

9) *Correspondence de Louise de Coligny*, 55,56.

맡게 되었다. 그중 몇 명은 친척들과 살고 있었으며, 루이즈의 집에는 다섯 명이 살고 있었다.[10] 그녀는 직접 책임지고 그 소녀들을 성실하게 가르치고 지도했다. 그러는 동안 그녀의 성품이 아이들에게 깊이 각인되어, 사람들은 루이즈의 친딸이 아닌데도 아이들이 대부분 그들의 친모보다 루이즈의 성품을 더 닮았다고 말했다. 그녀가 낳은 프레데릭 헨드릭은 교회의 목사가 맡아 교육했으며, 훗날 마우리츠가 그 아이를 자기 군대에 훈련병으로 데려갔다.[11] 아이들이 성인이 되자 루이즈는 그들의 혼삿길을 알아봐 주었고, 손주들이 태어나는 것도 기쁘게 바라보았다.[12]

루이즈가 프랑스를 완전히 잊은 것은 아니었다. 그곳을 떠난 지 수십 년이 지났어도 그녀는 고향을 그리워했다. 그리고 결혼한 딸들은 대부분 프랑스에 가서 살았다.[13] 그래서 그녀는 네덜란드에 살면서도 프랑스의 종교적 상황에 관한 소식을 전해 들었다. 1589년에는 앙리 드 나바르가 프랑스 왕이 되어 위그노들이 프랑스 안에서 합법적으로 안전히 거주할 수 있게 되었다.

---

10) Bainton, *France and England*, 120.

11) Bainton, *France and England*, 120. 루이즈는 아들을 키우는 문제에 대해 필리프 드 모르네에게 조언을 구하고 도움을 받기도 했다. Louise de Coligny to Plessis-Mornay, July 1591, in *Correspondence de Louise de Coligny*, 95,263.

12) Bainton, *France and England*, 122.

13) 그녀는 자신의 의붓딸들과 정기적으로 편지를 주고받았는데, 특히 투아르(Thouars)의 공작 부인이 된 샤를로트 브라반티나(Charlotte Branbantina)를 "사랑하는 딸," 또는 "나의 딸"이라고 불렀다. 다음을 참고하라. *Correspondence de Louise de Coligny*, 221,248. 그녀가 손주들에게 보낸 편지도 남아 있는데, 그 편지들에는 일상적인 가족사뿐만 아니라 다른 나라의 종교나 정치적인 사안들에 대한 토론과 조언도 담겨 있다.

1598년에 루이즈는 고향으로 돌아가기로 결정했다.[14] 그러나 모든 것이 바뀐 것은 아니었다. 같은 해 어느 주일, 그녀는 우연히 몽팡시에의 공작 부인을 만났다. 그녀는 성 바돌로매 축일의 학살에 가담했던 로마 가톨릭 군인들에게 휘장을 나누어 준 장본인이었고, 여전히 프랑스 궁정에서 높은 지위를 인정받고 있었다. 루이즈는 그녀의 정체를 알고서 그녀에게 당시에 자신이 숙소에 머물러 있지 않고 갑자기 파리를 떠난 이유를 설명했다.

프랑스의 상황은 진정되었으나, 네덜란드에서는 칼빈주의자들과 알미니안주의자들 사이에 논쟁이 벌어졌다. 루이즈는 1603년에 다시 네덜란드로 돌아가 헤이그(Hague)에서 살았다. 거기서 그녀는 프랑스 개혁 교회를 세우고 목사를 청빙했는데, 그는 훗날 알미니안 진영의 지도자가 되었다. 이 목사의 가르침 때문이었는지, 더욱 격해지는 상황이 비통스러웠기 때문이었는지, 아니면 그저 개인적인 믿음이었는지, 루이즈는 알미니안주의와 관계를 맺게 되었다. 한 전기 작가는, "그녀는 스스로 잘못된 쪽에 서게 되었다. 그러나 그녀가 자신의 양심에 따라 행동한 것은 분명하다"[15]라고 말했다.

칼빈주의자들과 알미니안주의자들 사이에 갈등의 골이 더욱 깊어지자, 루이즈는 1617년에 필리프 드 모르네에게 편지를 써서 이 문제에 관하여 "현명한 조언"을 구했다. 그녀는 국가와 자기 자녀들과 교회를 염려했다.[16]

---

14) Bainton, *France and England*, 124.

15) Anderson, *Ladies of the Reformation*, 695.

16) Louise de Coligny to Du Plessis Mornay [sic], December 28, 1617, in *Correspondence de Louise de*

이들의 불화가 격해지면서 나라가 나뉠 위험에 처했기 때문이다. 그런데 알미니안 진영이 스페인과 한편이 되어 마우리츠를 몰아내려고 하였다.[17] 이에 네덜란드 정부는 모든 알미니안주의자들, 곧 항론파(Remonstrants)에게 떠나라고 명령하였다. 그러자 루이즈가 그들을 위해 중재에 나섰다. 그녀는 특히 자신의 목사와 종교의 자유를 위해 그들의 입장을 대변하였다. 그러나 그녀가 서 있던 쪽은 이미 지지를 잃고 있었다. 게다가 그녀도 마우리츠와 다른 생각을 가지기 시작하면서 더는 네덜란드에서 환영받지 못했다. 결국 1620년에 루이즈는 자신의 나라인 프랑스로 영영 돌아가 버렸다.[18]

그 이후에 그녀의 아들인 프레데릭 헨드릭이 네덜란드의 지도자가 되었고, 다시 종교의 자유가 찾아왔다. 결국 그녀의 뜻이 관철된 것이다. 그러나 이 일이 이루어지기 전에 그녀는 영원한 상급이 있는 곳으로 떠나갔다. 그녀는 두 번째로 프랑스로 돌아가고 나서 얼마 살지 못했다.

그녀가 퐁텐블로 궁에서 병에 걸려 건강 상태가 나빠지자, 이 소식을 들은 로마 가톨릭 당국은 그녀의 신앙을 되돌리기 위하여 온 힘을 기울였다. 그들은 완고하면서도 술수에 능한 리슐리외(Richelieu) 추기경에게 그 일을 맡겼다. 그가 루이즈의 방에 들어서자 한편에는 개혁주의 목사가, 다른

Coligny, 309.

17) Bainton, *France and England*, 131.

18) 실제로 루이즈의 귀향은 지체되었다. 왜냐하면 그녀가 살 곳이 마련되지 못했기 때문이다. 그래서 그녀는 의붓딸인 투아르의 공작 부인에게 도움을 청했고, 그 딸이 3월경에 편지를 받자마자 이 문제를 해결해 준 듯하다. *Correspondence de Louise de Coligny*, 330.

한편에는 개신교인 친구가 있었다. 그것을 보고 리슐리외가 말했다. "부인, 부인의 영혼을 잘 지키십시오. 부인 곁에 악령이 둘이나 있습니다." 그러고는 그녀의 영적 상황을 깊이 염려하면서, 로마 가톨릭으로 돌아와 구원을 얻으라고 다그쳤다.

그러나 프랑스 역사에서 한 획을 그었던 그 추기경조차도 죽어 가는 이 개혁주의 여성을 만만히 상대할 수 없었다. 그녀는 가스파르 드 콜리니의 딸이자 빌럼 판 오라녀의 아내가 아닌가? 비록 칼빈주의와 알미니안주의의 분열을 달가워하지는 않았지만, 그녀의 믿음은 여전히 굳건했다. 루이즈는 흔들림 없는 자신의 개혁신앙과 오직 그리스도의 공로를 통해서만 천국에 들어간다는 것을 표명한 후에 그에게 조용히 떠나 달라고 부탁했다. 리슐리외는 패배를 안고 떠났다.

그녀가 숨질 때까지 루이즈의 목사는 그리스도의 충만하심이 그녀를 넉넉히 채우실 것이라고 위로했다. 그리고 1620년 10월 9일, 그녀는 예순일곱 살의 나이로 세상을 떠났다. 그녀는 개혁신앙 안에서 살고 죽기를 원했다고 고백하며, 이제 자기 영혼을 하나님과 그분의 아들 예수 그리스도께 맡긴다고 유언했다.[19]

그녀의 유언장에는 자신이 가진 것을 여러 하인들과 다양한 개혁 교회 신자들에게 나누어 주겠다는 뜻이 담겨 있었다. 개신교인들은 교파에 상관없이 그녀의 죽음을 애도했다. 그리고 그녀의 시신은 방부 처리되어 두

---

19) "Testament de Louise de Coligny," in *Correspondence de Louise de Coligny*, 333.

번째 남편과 함께 델프트에 있는 웅장한 무덤에 안치되었다. 그녀는 아들 프레데릭 헨드릭을 통하여 영국의 윌리엄 3세(William Ⅲ)의 증조할머니가 되었다. 그리고 그는 자신의 고향인 저지대 국가와 대영 제국에서 개혁의 일을 계속해 나갔다.

10
캐서린 윌로우비
(Katherine Willoughby)

캐서린은 1519년 또는 1520년에 상류층의 자녀로 태어났다. 어머니는 헨리 8세의 첫 번째 부인인 아라곤의 캐서린(Catherine of Aragon)을 시중들던 궁녀였고, 아버지는 영국의 부유한 귀족이었다. 어릴 때 아버지가 세상을 떠나자, 그녀는 왕가의 피후견인으로 보내졌다. 당시에는 왕이 후견인으로서의 권리를 영국의 귀족에게 파는 관행이 있었는데, 이 권한을 산 사람은 피후견인이 성인이 될 때까지 그들의 양육비를 지불하고, 동시에 그들의 토지에서 나는 모든 소득을 얻을 수 있었다. 캐서린의 후견인 권리를 산 사람은 헨리 왕의 친한 친구이자 서퍽(Suffolk)의 공작인 찰스 브랜든(Charles Brandon)이었다.[1] 그의 아내는 헨리 8세의 여동생 메리(Mary)

1) 브랜든과 메리 튜더(Mary Tudor)는 레이디 제인 그레이의 외조부모이다.

였는데, 그녀는 캐서린의 교육에 신경을 많이 썼다.

헨리 8세가 이혼하고 로마와 결별하려고 할 때, 브랜든도 스스로 개신교인이 되었다. 그때는 그것이 가장 안전한 길이었기 때문이다. 그러나 그의 신앙적 입장은 다소 실용적인 측면이 있었다. "교회를 향한 그의 열정은 교회 음악과 관련된 부분에서만 분명히 드러날 뿐이었고, 신학적으로는 깊이 관여한 흔적이 거의 없다."[2] 캐서린이 언제 처음으로 개혁주의 신학을 접하고 회심하였는지는 알 수 없지만, 아마도 튜더(Tudor) 왕조에 신앙적 변화가 일어난 이 무렵일 것이다.

1533년에는 메리가 죽었고, 그로부터 9개월도 채 안 되어 캐서린과 결혼하려 했던 메리의 아들도 죽었다. 결국 캐서린은 브랜든과 결혼했고, 그녀의 소중한 토지가 다른 이들에게 넘어가지 않도록 지킬 수 있었다.[3] 그때 브랜든의 나이는 마흔아홉 살이었고, 캐서린은 열네 살 정도였다. 오늘날의 관점으로 보면, 이 정도로 나이가 차이 나는 결혼은 거의 범죄에 가깝게 여겨질 것이다. 그러나 당시 상류 사회에서는 그리 드문 일이 아니었고, 그들의 결혼 생활은 그 후로도 평안했다.[4]

이렇게 캐서린은 공작 부인이 되어 사회적 지위가 높아졌고, 왕족과 가

---

2) Stephen Gunn, *Charles Brandon: Henry VIII's Closest Friend* (The Hill Stround, Gloustershire: Amberley, 2015), 118,120. 또한 브랜든의 실용적 입장에 관해서는 131,176,177을 보라.

3) Gunn, *Charles Brandon*, 146.

4) 그것은 브랜든의 네 번째 결혼이었다. 메리 공주가 사망하여 더 이상 왕가의 토지에서 소득을 얻을 수 없었기에, 그는 보석 등의 동산을 팔았다. Gunn, *Charles Brandon*, 152,153. 두 결혼이 행복해 보이기는 했지만, 브랜든은 부적절한 자식을 낳았다.

까이 교제했다. 왕과 그의 다섯 번째 아내를 집으로 초대하기도 했고, 헨리 8세의 장녀인 메리 공주가 쓸쓸히 지낼 때에 그녀를 방문하기도 했다. 또한 캐서린의 아들 중에는 에드워드(Edward) 왕자와 친구로 지내는 이도 있었다.[5] 또한 캐서린은 헨리 8세의 여섯 번째이자 마지막 왕비인 캐서린 파(Catherine Parr)와도 좋은 관계를 이어 갔다. 캐서린 파는 헨리 8세가 죽은 후에 토마스 시모어(Thomas Seymour)와 결혼했는데, 딸을 하나 낳고는 바로 세상을 떠났다. 이때 캐서린이 그 아이를 돌보았고, 그녀가 남긴 묵상집을 책으로 출간해 주었다.

1539년에 캐서린의 남편인 찰스 브랜든 공작은 전에 도미니크회의 수도사였다가 종교개혁자가 된 알렉산더 시튼(Alexsander Seaton)을 궁정 목사로 고용했다.[6] 브랜든에게는 여전히 "신앙적인 열심이 별로 없었으나," 그의 아내는 교회의 일에 "특별한 관심"을 보였다.[7] 시튼이 캐서린에게 종교개혁 신학을 소개했는지는 알 수 없다. 설령 그가 그리하지 않았다 하더라도, 그의 성경적인 설교 덕분에 실제로 그녀는 영적으로 더욱 강건해졌다. 그녀는 갈수록 개혁신앙을 더욱 확신하게 되었고, 이내 사람들에게도 그 사실이 알려졌다. 이미 "덕망 있고 현명하며 분별력 있다"고 소문난 캐서

5) Gunn, *Charles Brandon*, 234.

6) 시튼은 당시 로마 가톨릭의 지배를 받던 스코틀랜드를 탈출해 잉글랜드로 향했다. 찰스 공작의 보호를 받았지만, 1542년에 세상을 떠날 때까지 계속 가디너(Gardiner) 주교로부터 이단으로 의심받으며 조사를 받았다. 폭스(Foxe)와 녹스(Knox)는 모두 자신들의 글에서 시튼을 신실하고도 경건한 사람으로 칭송했다. D. Hay Flemming, "Alexander Seaton," in *The Original Secession Magazine* (Edinburgh: James Gemmell, 1886), 17:78. "Seton"이라고 쓰기도 한다. Gunn, *Charles Brandon*, 175.

7) Gunn, *Charles Brandon*, 175.

린은 이후에 담대하게 개신교를 전했다.[8)]

캐서린에게는 아주 예리한 기지가 있었다. 그래서 가끔씩 상대를 공격할 때 그것을 발휘하기도 했다. 로마 가톨릭 주교 가디너(Gardiner)는 그녀를 가장 괴롭힌 적이었다. 헨리 8세나 브랜든이 종교를 개인적이거나 정치적인 목적으로 사용한 것과는 달리, 가디너는 감옥에서조차 개혁에 맞서 싸울 정도로 이념을 굉장히 중시했다.[9)] 그 역시 캐서린과 마찬가지로 나름의 신념과 지위와 권력을 가지고 있었다. 이렇게 강한 그의 이념적 성향으로 인해 그 둘은 대립할 수밖에 없었다. 두 사람은 모두 영리했지만, 캐서린에게는 가디너처럼 정치적이거나 약삭빠른 기질은 없었다. 가디너는 정치적 수완이 뛰어나기로 유명했는데, 그것이 통하지 않을 때에는 더욱 직설적으로 싸움을 걸기도 했다.[10)]

다음과 같은 이야기가 전해져 온다. 어느 날 저녁에 연회가 열렸는데, 여성 참석자들에게 자신이 가장 사랑하는 남성을 선택해 식사 자리로 들어갈 수 있는 권한이 주어졌다. 그러자 캐서린이 재빨리 한 마디 하기를, 자신이 가장 사랑하는 남편과 함께 오지 못했으니 대신에 가장 미워하는 가디너 주교와 함께 들어가겠다고 했다.[11)] 그리고 그녀가 애완견을 한 마리

---

8) Countess of Rutland, Gunn, *Charles Brandon*, 189에서 인용.

9) G. Constant, *The Reformation in England: Edward VI, 1547-1553* (New York: Sheed and Ward, 1942), 348.

10) Constant, *Reformation in England*, 226-228.

11) 폭스는 *Book of Martyrs*(순교자 열전)라는 책에서 가디너가 개신교인들에게 가했던 수많은 핍박에 대해 기술했다. John Foxe, *The Acts and Monuments of the Church* (New York: Robert Carter & Brothers, 1856), e.g., 617,863.

길렀는데, 그 개에게 자줏빛 옷을 입히고는 가디너라고 불렀다는 이야기도 전해져 온다.

가디너는 이러한 일들을 굉장히 언짢아했으며, 캐서린을 향한 증오심을 감추지 않았다. 그는 캐서린이 신분이 높고 왕족과 친밀한데도 아랑곳하지 않고 계속해서 캐서린을 이단 혐의로 고발하려 했다. 그녀의 개혁신앙에 공개적으로 반대하고 나선 것이다. 다행히도 헨리 8세의 마지막 왕비가 그녀와 두터운 친분을 맺고 있었기에 그녀를 지켜 주었다. 한번은 가디너를 체포하려고 시도도 하였으나 성공하지는 못했다.[12)]

브랜든은 왕과의 친분 덕에, 왕이 예전 로마 가톨릭의 재산을 헐값에 넘길 때에 그것을 사들여 땅과 건물, 현금 등으로 부를 축적했다.[13)] 비록 영구적인 부채를 가지고 있었지만, 그는 틈틈이 재산을 늘릴 기회를 잡았고, 그리하여 연간 3,000파운드(pound) 이상의 수익을 올렸다.[14)]

1545년, 브랜든은 캐서린과 두 명의 아들을 남기고 세상을 떠났다.[15)] 그때 캐서린은 이십 대 중반이었다. 과부가 되자 수입이 줄었지만, 동시에 지출도 줄었다. 캐서린에게는 해마다 1,300파운드 정도의 수입이 발생하였는

---

12) 브랜든이 그 시도를 주도했다는 소문이 있으나, 그때 브랜든은 런던에 없었다. Gunn, *Charles Brandon*, 211.

13) 그 예로 다음을 보라. Gunn, *Charles Brandon*, 208.

14) 튜더 시대에 3,000파운드는 엄청난 액수였지만, 헨리 8세는 로마와 단절하던 시기에 해마다 그보다 훨씬 더 많은 돈을 벌어들였다. 같은 시대에 성직자의 수입은 1년에 15파운드 정도가 적당했다고 한다. Laquita M. Higgs, *Godliness and Governance in Tudor Colchester* (Ann Arbor, Mich.: University of Michigan Press, 1998), 78.

15) 브랜든은 왕과 매우 가까웠기 때문에 헨리 8세는 그를 윈저 성(Windsor Castle)의 왕궁 예배당에 묻어 주었다.

데, 남편이 남긴 빚을 갚으면서도 편안하게 살기에 충분한 액수였다. 사실 그녀는 당시 영국에서 가장 부유한 여성들 중 한 명이었다. 그녀가 받은 유산 중에는 건물도 많았고, 보석이나 값비싼 말 같은 동산(動産)들도 꽤 있었다.[16)]

캐서린이 가장 신경 쓴 것은 두 아들의 교육이었다. 그녀는 아이들을 케임브리지로 보내 좋은 선생을 만나게 해 주고자 노력했다. 그 교수들 중 하나가 바로 마르틴 부서였다. 캐서린은 그가 교회를 위해 힘쓰는 데에 감사하여, 훗날 그가 병으로 세상을 떠나기 직전에 개인적으로 그를 돌봐 주기도 했다.[17)] 그녀의 두 아들은 모두 유능함을 인정받았고, 아름다운 결혼도 했다. 그러나 1551년에 둘 다 발한병(the sweating sickness)에 걸려서 한 시간 간격으로 사망하고 말았다.[18)]

남편과 아들들을 잃고 가족 없이 살아가는 동안 그녀의 신앙은 더욱 굳건해져 갔다. 그리고 에드워드 6세가 왕위에 오르자, 그녀는 자신의 신앙을 더욱 공개적으로 드러냈다. 아마도 남편이 죽은 이후에 그녀가 더 자유롭게 자신의 신앙을 공개적으로 드러냈던 것 같다. 헨리 8세가 죽자, 상황은 칼빈주의자들에게 더 유리해졌다. 가디너는 감옥에 갇혔고, 더욱 성경

---

16) Gunn, *Charles Brandon*, 221,235.

17) Anderson, *Ladies of the Reformation*, 332. 부서는 크랜머의 초청을 받아 영국에 와서 사역했다.

18) 지금은 이 병이 존재하지 않아서 그것에 관해 많이 알려지지 않았다. 다만 튜더 시대 의사들의 기록에 따르면, 바이러스에 의한 병은 아니었던 것 같다. 그러나 전염성이 있었고, 매우 치명적이었다.
역자주 – 속립열(粟粒熱, military fever)이라고도 불리는데, 발한, 발진, 고열이 심하게 나타나고, 일단 발병하면 두세 시간 안에 사망하기도 했다.

적인 기도서가 만들어졌으며, 영국은 비로소 개혁주의 국가가 되었다.

1550년부터 캐서린은 유럽에서 도망 온 개신교 피난민들을 돕기 시작했다. 베인튼은, 같은 해에 '행적과 유적들(*Actes and Monuments*)'이라는 책으로 유명해진 존 폭스(John Foxe)가 임직식에 참석하기 위하여 런던에 왔을 때에 그녀가 그를 대접했다고 진술한다.[19]

한편 그녀에게 영적으로 가장 큰 영향을 미친 사람은 1551,1552년에 그녀의 궁정 목사를 맡았던 개혁자 휴 래티머(Hugh Latimer)였다.[20] 캐서린의 성경 지식과 믿음은 그에게서 가르침을 받으면서 성장해 갔다. 런던에 머무는 피난민들이 수천 명에 이르자, 캐서린은 자신의 정치적 인맥과 재산을 동원하여 그들이 교회를 세울 수 있도록 특별 허가를 얻어 주었다. 이 교회는 영국 땅에서 영국 국교회 이외에 합법적으로 존재하는 유일한 교회였다.[21]

1553년에 캐서린은 리차드 버티(Richard Bertie)와 두 번째 결혼을 하였다. 귀족이었던 브랜든은 부유하고 정치적이었으며 나이도 많고 체면을 중시했던 반면, 버티는 개혁에 헌신하였으나 가진 것도 별로 없고 캐서린보다 한 살 많았다. 그런데 무엇보다 모두를 놀라게 한 것은 그가 그녀의

---

19) Bainton, *France and England*, 257. 이 책은 일반적으로 폭스의 *Book of Martyrs*(순교자 열전)라고 알려져 있다.

20) 래티머의 *Fyrste Sermon*(첫 설교)이라는 책은 공작 부인인 캐서린의 문장(紋章)을 새겨 그녀에게 헌정되었다. Bainton, *France and England*, 256,257.

21) '외부인들의 교회에 대한 특별 허가장(Charter of the Church of the Strangers)'이라고 불린 이 문서는 에드워드 6세 당시 통일령(the Act of Uniformity)에 대한 보기 드문 예외였다. Jasper Ridley, *Bloody Mary's Martyrs: The Story of England's Terror* (New York: Carroll & Graf Publishers, 2001), 36,37.

하인이었다는 사실이다. 그의 아버지는 수공업자였으나, 버티는 열심히 공부하여 옥스퍼드를 나왔고, 귀족 집안에서 좋은 일자리를 얻게 되었다. 캐서린이 버티의 경건함과 일을 처리하는 능력에 매력을 느꼈던 것으로 보인다. 그들은 진정으로 행복했다. 캐서린은 자기 토지를 남편의 단독 명의로 이전해 주었고, 그는 명실상부하게 상류 지주 계층이 되었다. 이로써 그녀의 선택에 이러쿵저러쿵하는 사람들이 잠잠해졌다.

이 결혼 이후, 캐서린의 믿음은 또 다른 형태로 시험대에 오르게 되었다. 1553년 7월에 에드워드 6세가 죽자, 독실한 로마 가톨릭 신자인 메리가 영국의 여왕이 되었다. 새 여왕은 런던에 입성하자마자 런던탑으로 가서 가디너를 석방했고, 그를 상원의장이자 대법관의 자리에 앉혔다.[22] '피의 메리'는 캐서린이 돕던 피난민들을 나라에서 쫓아냈고, 이 추방 사실을 그들의 본국에 있는 로마 가톨릭 당국에 알려 그들을 체포하게끔 했다.[23]

박해가 시작되자, 캐서린은 리들리(Ridley) 주교 등 수감된 사람들에게 음식과 옷을 살 수 있도록 돈을 보내 주었다.[24] 그리고 메리가 영국 교회 안에 미사를 부활시켰을 때에는 그 자리에 참석하지 않았다. 그러나 그녀의 지위는 더 이상 도움이 되지 않았다. 특히 그녀의 숙적인 가디너 주교가 엄청난 힘을 가지고 있었기 때문에 더욱 그러했다.

적들은 캐서린이 자신에게 무슨 일이 일어나든 전혀 두려워하지 않는

---

22) Ridley, *Bloody Mary's Martyrs*, 44,45.

23) Ridley, *Bloody Mary's Martyrs*, 51,52.

24) Anderson, *Ladies of the Reformation*, 338.

다는 것을 알고서 그녀의 남편을 통해 그녀를 공격했다. 가디너는 버티를 체포하여 보석 없이 런던으로 송환하라고 명령했다. 지방의 관리는 1,000파운드를 받고서 재판이 열리는 성 금요일까지 그가 집에 머물 수 있도록 해 주었다. 런던으로 송환된 버티는 이틀이 넘도록 가디너에게서 심문을 받았다.

가디너 주교는 이단 문제를 다루는 것이 거룩한 날인 성 금요일에 할 만한 일이 아니라고 생각했다. 그래서 그는 에드워드 6세 때 이미 다 상환한 옛 부채를 들먹이면서 버티에게서 4,000파운드를 뜯어내려고 했다. 그렇게 큰 돈을 잃게 만들면 경제적으로 심한 타격을 줄 수 있을 뿐만 아니라, 다른 개신교인들을 돕는 캐서린의 일도 방해할 수 있었기 때문이다. 그리하여 버티는 어렵지 않게 풀려날 수 있었다.

그러나 그를 놓아주기 전에 가디너는 진짜 문제를 건드렸다. 캐서린이 미사에 참석하지 않는 것과 끊임없이 종교개혁을 후원하는 것에 불만을 드러낸 것이다. 버티는 그렇게 아내를 로마 가톨릭으로 돌아오게 하라는 압박과 보이지 않는 협박을 받고서 집으로 돌아왔다.

두 사람은 자신들이 심각한 위험에 처했음을 깨닫고서 영국을 떠나기로 결정했다. 버티는 가디너 주교에게, 과거에 카를 5세가 캐서린의 전 남편에게 빚을 졌는데 잠시 영국을 떠나 그것을 받아 오겠다고 약속하였다. 그리고 주교는 피의 메리에게서 허가증을 받아, 그가 용무를 마칠 때까지 자유롭게 영국 밖으로 나갈 수 있도록 허락해 주었다.

버티는 집을 떠나 캐서린을 무사히 탈출시키기 위해 은밀히 계획을 짰다. 어느 날 아침 동트기 전, 임신 중인 캐서린은 하녀 복장을 한 채로 한 살 난 딸 수잔(Susan)과 직급이 낮은 하인 일곱 명을 데리고 런던의 집을 떠났다. 그런데 높은 직급의 남자 하인이 집안에서 이상한 소리를 듣고 그들의 뒤를 밟기 시작했다. 캐서린은 몇몇 하인들을 템스(Thames) 강변의 부두로 먼저 보냈고, 그들이 돌아올 때까지 여자 하인 두 명과 함께 아기를 안고서 숨어 있었다.

한편 누군가(아마도 그 높은 직급의 남자 하인이었을 것이다)가 이들이 탈출했다는 소식을 가디너에게 전했다. 가디너는 캐서린의 집으로 급히 사람들을 보내 그녀가 있는지, 사라진 물건들이 있는지를 조사하게 했다. 그녀가 탈출했다는 소식이 사실로 밝혀지자, 대적들은 그녀가 나라를 떠나지 못하도록 그녀가 있을 만한 인근 항구의 여관과 배들을 샅샅이 수색했다.

캐서린과 그녀의 딸은 한 항구 마을에서 가명으로 머물다가 버티를 만나 배가 뜨기를 기다리고 있었다. 이윽고 가디너의 수하들이 도착해 캐서린이 타고 있는 배를 수색하려고 했다. 그때 신실한 한 하인이 나서더니 그녀를 거기 있는 상인의 아내로 속여 그들을 따돌렸다. 그리하여 캐서린의 가족과 하인들은 네덜란드로 무사히 피신할 수 있었다. 그곳에는 메리 여왕을 피해 달아난 수많은 사람들이 있었다. 한 전기 작가는 다시 한 번 캐서린이 "가디너의 방법으로 가디너의 허를 찔렀다(out-Gardinered Gardiner)"고 평했다.[25]

---

25) Anderson, *Ladies of the Reformation*, 347.

캐서린과 버티는 브라반트(Brabant)에 도착했다. 그곳은 루터파이자 잔달브레의 첫 번째 남편이었던 율리히 클레베 베르크의 빌헬름이 다스리는 영지였다. 1555년, 그들은 산톤(Santon)이라는 마을에 잠시 머물렀다. 그런데 지역 관리들과 어느 주교가 그들이 신분을 위장하고 있다고 의심하면서 조사하려 했고, 그들은 도망쳤다. 때는 2월이었다. 땅이 얼어붙고 비가 많이 내리는 가운데 부부는 어린 여자아이와 하인 두 명을 데리고 이웃 마을인 베셀(Wesel)로 걸어갔다.

서너 시간을 꼬박 걸어 도착했지만, 어느 누구도 그들에게 숙소를 내주려 하지 않았다. 그들의 사정도 알 수 없었고, 그들이 큰 돈을 제시하면서 방 한 칸을 빌리려고 하는 것도 의심스러웠기 때문이다. 가족이 교회의 문간에서 비를 피해야 할 상황이 되자, 독일어에 서툴렀던 버티는 영어나 프랑스어, 또는 이탈리아어나 라틴어를 아는 사람을 찾았다. 그때 지나가는 남학생 두 명이 라틴어를 하는 것을 들었다. 버티는 그들에게 하룻밤 묵을 수 있는 곳이 있으면 알려 달라고 부탁했다. 소년들은 그들을 친절한 어느 가족에게로 데려갔고, 그들은 며칠 동안 그 집에서 지내면서 보살핌을 받았다. 지낼 곳을 찾지 못해 어려움을 겪는 한 가족에 대한 소문이 온 동네에 퍼졌다. 그러자 다음 주일 예배에서 교회의 목사는 나그네를 대접할 줄 모르는 마을 사람들을 꾸짖었다.

영국의 상류층 개신교인이 베셀에 살고 있다는 소문이 퍼져 나가자, 박해를 피해 그곳으로 도망 오는 영국의 개혁신앙인들이 더 많아졌다. 캐서린은 그들을 후원했고, 그들은 그곳에 영국인 교회를 세웠다.

그해 10월에 캐서린은 아들을 낳았고, 페러그린(Peregrine)이라고 이름 지었다. 교인 명부에 아들의 출생과 세례에 대한 내용을 기록하면서, 캐서린의 신분은 이제 공공연한 비밀이 되었다. 캐서린은 "영국에서 가장 저명한 여인이요, 윌로우비 남작 부인이며, 서퍽의 공작 부인이었다."[26]

캐서린의 아들이 태어나고 나서 한 달 후에 영국에서 가디너가 죽었다. 그러나 그의 자리를 이어받은 사람 역시 가디너 못지않게 위험한 인물이었다. 그래서 그녀의 가족은 고향으로 돌아갈 수 없었다. 메리 여왕의 첩자들은 그들이 어디에 있는지 알아내 그들을 데려오려고 모든 수단을 동원했다. 메리는 네덜란드에 대사를 보내, 버티가 영국으로 돌아와 자신의 동산과 부동산에 대한 권리를 주장하지 않을 경우 그것들을 왕실에서 전부 몰수하겠다고 전했다. 그러나 하원에서 이에 대해 거부권을 행사하였다. 그러자 캐서린의 대적들은 정치적인 술책을 써서 오스트리아 군대가 베셀을 지나 행군하도록 했고, 그 과정에 캐서린 부부를 붙잡아 오도록 했다. 그러나 재산을 몰수하겠다는 소식을 전해 주었던 대사가 이 사실을 버티에게 귀띔해 주었고, 캐서린과 가족은 팔츠로 도피했다. 그러나 그곳에서는 잠시 머물렀을 뿐이다.

과거에 이들은 영국에 있을 때에 마침 그곳을 방문한 얀 라스키(Jan Łaski)[27]와 친분을 쌓았는데, 그가 이 부부를 폴란드로 초청했다. 그들은 예상

---

26) Anderson, *Ladies of the Reformation*, 353.

27) 역자주 - 얀 라스키는 존 아 라스코(John à Lasco)라는 이름으로 더 잘 알려진 폴란드의 종교개혁자로, 영국의 종교개혁에도 영향을 많이 미쳤다.

치 못한 초청에 무척 기뻤다. 그들은 1557년 4월에 폴란드를 향해 출발하였다. 중간에 군인들에게서 공격받기도 하고, 민사 분쟁에 휘말려 버티가 잠깐 감옥에 갇히기도 했으나, 결국에는 폴란드에 도착했다. 그곳의 관리들은 이들을 반갑게 맞아 주었고, 버티에게 폴란드의 한 지역을 다스릴 수 있는 권한까지 주었다.

폴란드에서의 삶은 안전했지만, 그곳에서 그리 긴 시간을 지내지는 않았다. 1558년에 메리 여왕이 죽고, 1559년 1월 15일에 엘리자베스가 왕위를 이어받았다. 캐서린은 새 여왕에게 축하하는 편지를 보내, 이제 영국인들에게 성경적으로 예배할 수 있는 자유가 주어진 것에 대해 기쁨과 감사의 뜻을 전했다. 그리고 그 가족은 고향으로 돌아왔다.

캐서린은 영국의 개신교 재건을 후원하면서 남은 생애를 보냈다. 그녀는 영국 국교회 외에도 비국교도나 다른 기독교인을 포함하여 모든 개신교인을 후원했고, 정부의 인가 없이 설교하는 목사들을 위해 중재에 나서기도 했다.[28] 자유를 누릴 때에는 풍성한 열매를 맺고 박해를 받을 때에는 믿음을 버리지 않았던 공작 부인 캐서린은 1580년 9월 19일에 세상을 떠났다. 그로부터 1년 반 후에 남편도 세상을 떠났고, 그들의 자녀들이 부모의 신앙을 계속 이어 갔다.[29]

---

28) Bainton, *France and England*, 275,276.

29) 페러그린 버티(Peregrine Bertie)는 브랜든 공작의 이전 궁중 목사와 친분을 이어 갔고, 어머니 집안의 토지를 물려받아 윌로우비 경(Lord Willoughby)이라는 칭호도 얻게 되었다. Gunn, *Charles Brandon*, 214,225.

11

페라라의 르네

(Renee of Ferrara)

종교개혁은 로마 가톨릭의 심장부인 이탈리아까지 퍼져 나갔다. 그리고 그곳에는 개신교 교리를 소개하고 그것을 따르는 사람들을 보호했던 한 여성이 있었다. 그녀는 페라라의 공작 부인으로, 때로는 르네 데스테(Renee d'Este), 또는 르네 드 프랑스(Renee de France)라고 불렸다.

그녀는 1510년 10월 15일에 프랑스의 블루아 성(Château de Blois)에서 태어났다. 그녀의 부모인 프랑스의 루이 12세(Louis XII)와 안 드 브르타뉴(Anne de Bretagne)는 프랑스 왕가를 이을 아들을 간절히 바랐다. 그런데 또 딸이 태어나자 실망을 감추지 못했다. 어떤 역사가들은 그녀의 외모가 볼품없었다고도 하고, 심지어 그녀가 척추 장애인이었다고도 하는데, 이는 현존하는 초상화와 일치하지 않는 진술이다.[1)]

어린 시절에 그녀에게는 불행한 일들이 많았다. 다섯 살이 되었을 무렵에 부모를 잃었고, 가정 교사가 궁에서 쫓겨났으며, 십 대 초반에는 언니 클로드가 자신의 품에서 죽었다.[2)]

이러한 어려움 속에서도 그녀는 학업을 멈추지 않았다. 언니 클로드의 남편은 마르그리트 드 나바르의 남동생이었는데, 이때부터 마르그리트가 공주 르네의 교육을 맡았다.[3)] 마르그리트는, 특별히 종교개혁 초기에 여러 개혁 작업을 하고 성경을 번역한 것으로 잘 알려진 르페브르에게 르네의 교육을 맡겼다. 르네는 언어와 고전 문학, 심지어 수학에도 탁월했다. 무엇보다 그녀는 개신교 신학 서적들을 읽기 시작했다.[4)] 아마도 마르그리트가 있는 네락에서 르페브르와 함께 지냈던 이 시기에 그녀가 개종한 것으로 보인다.[5)]

르네는 왕족이었기 때문에 결혼도 일찍 했다. 처음에는 훗날 카를 5세가 되는 젊은 왕자와 결혼할 뻔했다. 그러다가 프랑스에서 가장 부유한 부용의 공작이 거론되었다. 한편 토머스 울지(Thomas Wolsey) 추기경은 아라곤의 캐서린을 대신해 영국의 헨리 8세와 결혼하라고 제안했다. 그러나

---

1) 르네의 언니인 클로드는 프랑수아 1세의 왕비로 척추 측만증을 앓았고, 그로 인해 척추가 휘어 몸이 앞으로 굽어 있었다. 르네도 그 병을 앓았는데 초상화를 그리는 화가가 그것을 무시하고 그렸을 수도 있고, 역사가들이 이 두 자매를 혼동했을 수도 있다. 바튼(Barton)은, 르네의 한쪽 다리가 더 짧았고 어깨도 한쪽이 돌출되었다고 주장한다. F. Whitefield Barton, *Calvin and the Duchess* (Louisville, Ky: Westminster John Knox Press, 1989), 12. 르네는 평생 편두통으로 고생했다.

2) Barton, *Calvin and the Duchess*, 10,11.

3) Holt N. Parker, introduction to *The Complete Writings of an Italian Heretic*, by Olympia Morata, ed., trans. Holt N. Parker (Chicago: University of Chicago Press, 2003), 7. 마르그리트는 루이 12세와 사촌지간이다.

4) Bowles, *Olympia Morata*, 34.

5) Barton, *Calvin and the Duchess*, 12.

그녀는 1528년 5월 28일, 열일곱 살의 나이로 로마 가톨릭 신자이자 페라라의 공작인 에르콜레 2세 데스테(Ercole Ⅱ d'Este)와 결혼했다.[6] 그의 어머니는 살인과 성적 방탕으로 악명 높았던 루크레치아 보르자(Lucrezia Borgia)였고, 그의 할아버지는 바람둥이 교황 알렉산더 6세(Alexander Ⅵ)였다. 이것은 프랑스와 북부 이탈리아의 동맹 관계를 공고히 하기 위한 정략결혼이었다. 그러할지라도 르네는 신실함이라고는 찾아볼 수 없는 그 가정에서 신실한 아내가 되기 위해 이탈리아로 갔다.

페라라의 궁정은 이탈리아 르네상스의 문화 중심지였다. 대학과 연계된 최고의 지식층이 모여 있었고, 그곳의 부와 우수한 교육은 이탈리아 밖에까지 널리 알려져 있었다. 궁정의 화가인 티치아노(Tiziano)가 있었고, 르네의 서기관이 된 학자 베르나르도 타소(Bernardo Tasso)도 있었다. 르네에게는 충분히 능력도 있었고 본인이 원하기만 하면 얼마든지 그곳의 교육을 받을 수 있었는데도, 그녀는 이탈리아를 좋아하지도 않고 이탈리아어를 배우지도 않았다.[7]

르네는 자신의 하인과 시녀들, 그리고 개신교인 가정 교사를 데리고 갔다.[8] 비록 로마 가톨릭 국가인 이탈리아에 살았지만, 그녀는 자신의 개혁

---

6) 더 오래된 문헌에는 영어식 이름인 허큘리스(Hercules)로 나타난다. 그의 아들이자 후계자인 알폰소 2세(Alfonso Ⅱ)는 페라라의 마지막 공작이었다. 1570년에는 그의 궁전이 있는 지역이 지진으로 심하게 파괴되었다. Bowles, *Olympia Morata*, 19,21.

7) Parker, introduction, 8.

8) 르네의 교육을 담당한 가정 교사인 미셸 드 소본(Michelle de Saubonne)은 고등 교육을 받은 귀족 여성이었다. 그녀는 칼빈주의자였고 르네의 조언자이자 친구였으며, 나중에 르네의 자녀들을 교육하기 위해 함께 이탈리아로 갔다. 개신교 시인인 클레망 마로 역시 한때 르네의 궁정에서 지내면서 드 소본을 알게

신앙에 신실했다. 그리고 개신교인인 다른 프랑스 왕녀들처럼 그녀가 중요하게 여긴 의복과 하인들, 자선 행위와 교육 등에 돈을 썼다. 남편은 그것을 불만스러워했다. 사실상 공작 한 명의 수입으로 두 개의 다른 궁정을 운영하는 것과 같았기 때문이다.

르네의 영향인지는 알 수 없으나, 1528년 무렵 이미 페라라에는 개혁주의 목사가 있었다. 그녀는 자신의 개혁주의 활동을 크게 떠벌리지 않고, 조금씩, 그러나 꾸준히 개신교 교회를 위해 일했다. 그녀에게는 안나(Anna), 알폰소(Alfonso), 루크레치아(Lucrezia), 엘레오노라(Eleonora), 리귀(Ligui)라는 다섯 자녀가 있었는데, 이들의 첫 가정 교사도 개신교인으로 구했다.[9] 또한 남편의 주치의인 만촐리(Manzolli)도 개혁파였다.[10] 페라라 대학의 교수들 중 일부와 외국 학생들 중 상당수가 개신교인이었고, 개혁주의 찬송 작가인 클레망 마로도 한동안 페라라에서 르네 곁에 머물렀다.

1536년 봄, 존 칼빈이 샤를 데스페빌(Charles d'Espeville)이라는 가명을 쓰고서 페라라에 왔다. 데스테 공작은 그가 페라라의 학문적 분위기에 매료되어 그곳으로 온 프랑스인 학자 중 하나이리라 생각했다. 그러나 칼빈의 가까운 동료였던 종교개혁자 베자는, 르네가 그 일의 진상을 알아챘다

되었고, 1536년경에 쓴 'Epitre a Madame da Soubize(드 수비즈 부인에게 보내는 편지)'라는 작품에서 그녀를 언급했다. Henry Morley, *Clement Marot and Other Studies* (London: Chapman and Hall, 1871), 1:78.

9) Bowles, *Olympia Morata*, 57-59.

10) 교황은 성직자들의 악한 삶을 풍자하는 만촐리의 작품을 금지시켰다. 그가 죽은 후에는 그를 이단으로 정죄하고, 그의 시신을 파내 불태웠다.

고 진술한다. "페라라의 공작 부인은 칼빈을 만나 이야기해 보더니 그가 누구인지를 알아챘다. 부인은 칼빈이 사는 동안 한결같이 사랑과 헌신을 보여 주었으며, 하나님께서 그를 위해 준비하신 특별한 도구로서의 역할을 감당하였다."[11)]

칼빈은 새로 출간된 자신의 『기독교 강요』(*Institutes of the Christian Religion*) 한 부를 르네에게 주었다. 칼빈의 영향이었는지 아니면 그저 르네의 성격이었는지, 르네의 신학은 매우 실제적이었고, 그녀의 몇몇 친구들처럼 신비주의 색채를 띄지 않았다.

르네는 여러 해 동안 신앙의 자유를 누렸다. 그리고 프랑스에서 도망쳐 온 많은 피난민들을 맞아들여 그들이 긴 여정에서 굶주리지 않도록 애썼다. 이를 위해 그녀는 남편의 돈을 사용하였다.

어떤 이들은 르네가 이탈리아에서 홀로 외로웠던 까닭에 단지 프랑스인이라는 이유로 그들을 받아 주었다고 주장한다. 물론 만일 그녀가 남자였더라면 자신이 다스리는 백성이 되었을지도 모르는 그들을 돌보고자 하는 마음도 실제로 그녀에게 있었을 것이다. 그러나 그녀는 프랑스 사람들뿐만 아니라 이탈리아 사람들에게도 동일하게 친절을 베풀었다. "가난하고 아픈 자들은 도움의 손길을 확신할 수 있었고, 고아들은 돌봄과 보호를 확신할 수 있었다. 페라라의 온 도시에서 그처럼 무한한 선행의 본을 보여 준 사람은 거의 없었다."[12)]

---

11) Barton, *Calvin and the Duchess*, 5에서 인용.

12) Bowles, *Olympia Morata*, 38.

그녀는 개혁주의 신앙을 가진 다른 왕녀들처럼 자기 신앙을 당당하게 공개하지는 않았다. 그렇다고 해서 장롱 속 개신교인도 아니었다. 그녀는 왕의 딸이었기 때문에 대부분의 일반 여성들보다 더욱 자유로웠지만, 그런 그녀도 로마 가톨릭의 종교 재판을 피해 갈 수는 없었다. 로마 가톨릭 성직자들과 그녀의 남편이 르네를 의심하게 된 것이다.

데스테 공작은 르네상스의 사람이었고 새로운 인문주의를 적극 지지했지만, 동시에 로마 가톨릭 신자였다. 따라서 예술과 과학에 대해서는 관대하게 다가갔지만, 자신과 다른 신앙에 대해서는 갈수록 더욱 편협해졌다. 1536년에 그는 교황과 협약을 맺어 프랑스에서 온 개신교 피난민들을 전부 페라라에서 추방했고, 르네의 가정 교사인 드 소본(de Saubonne)도 프랑스로 돌려보냈다.[13] 공개적으로 미사를 조롱한 젊은 개신교도 하인은 체포되어 고문을 받았다. 공작 부인이 중재했지만 아무런 소용이 없었다.

페라라에서 박해가 시작되자 남편과 아내는 서로 적이 되어 버렸다. 르네는 마르그리트 드 나바르에게 편지를 썼다. "드 수비즈(de Soubise) 부인이 떠난 후에 나에게 어떤 협박과 폭력이 가해졌는지를 전해 들으셨으리라 확신합니다. 저는 더 이상 견딜 수가 없습니다. 주님의 도우심이 없었다면 지금까지도 견디지 못했을 것입니다. 날이 갈수록 괴로움이 커져 갑니다."[14]

---

13) Thomas McCrie, *History of the Progress and Suppression of the Reformation in Italy in the Sixteenth Century* (Philadelphia: Presbyterian Board of Education, 1842), 79.

14) Barton, *Calvin and the Duchess*, 7,8에서 인용.

칼빈의 격려와 가르침과 후원이 없었다면, 르네는 그때 포기하고 말았을 것이다. 그녀는 그 고난이 시작에 불과하다는 사실을 미처 깨닫지 못했다. 이탈리아의 개혁주의 공동체에게는 칼빈의 후원이 생명줄과도 같았다.

1542년 8월, 르네는 이탈리아에서 사형을 선고받은 개혁자 베르나르디노 오키노가 제네바로 무사히 탈출하도록 도와주었다.[15] 이것은 예전에 프랑스 사람들에게 호의를 베풀었던 것이나 개인적인 신앙을 표명했던 것을 넘어, 이탈리아의 정치에 개입하고 로마에 저항하는 일이었다. 그래서 그녀의 남편과 교황의 심기를 건드렸다.

1543년, 데스테 공작은 프랑스 왕에게 편지를 보내, 르네가 미사를 거부하고, 신앙적으로 "루터파 불한당들의 꼬임에 넘어가" 미사를 우상숭배라고 했으며, 사제들을 십 대 딸들 근처에도 가지 못하게 한다고 불평을 늘어놓았다.[16] 같은 해에 교황이 르네를 만나 값비싼 다이아몬드와 다른 보석들을 주면서 그녀의 마음을 돌리려고 했으나, 그런 뇌물은 전혀 먹혀들지 않았다.

오히려 르네는 더욱 단호하게 남편의 일에 저항하기로 마음먹은 듯 보였다. 공작은 페라라에서 피난민들을 허용하지 않았지만, 르네는 그들이 탈출하도록 재정적으로 지원했다. 공작은 종교 재판을 받는 사람들로 감

---

15) McCrie, *History of the Progress*, 182,183. 르네의 도움으로 탈출한 목사는 그뿐만이 아니었다. 그녀가 대담한 덕에 첼리오 쿠리오네를 비롯한 여러 사람들이 안전한 곳으로 갈 수 있었다. McCrie, *History of the Progress*, 188,203.

16) Duke of Ferrara to Henry Ⅱ in Bainton, *Germany and Italy*, 241,242. 루터교가 다른 개신교 교파보다 먼저 이탈리아에 들어간 것 같으나, 칼빈주의 역시 매우 강했다.

옥을 가득 채웠지만, 르네는 사슬에 매인 그들을 찾아갔다. 페라라에 있던 작은 개혁 교회는 계속 줄어들다가 급기야 1550년에는 지하로 숨어 들어갔다. 반면 르네는 페라라의 유일한 개신교인으로 남아 있었다. 종교 재판소는 그녀의 주변에 첩자들을 보냈다. 그런데도 르네는 개혁신앙을 가진 친구들, 특히 칼빈과 편지를 주고받았다. 그리고 마르그리트 드 나바르에게 편지를 보내, 고립된 자신의 상황을 애통해하기도 했다.

르네의 교회와 친구들을 무너뜨린 로마 가톨릭은 이제 그녀에게 칼을 겨누었다. 1552년경에 로마는 예수회의 재판관을 보내 르네의 이단성을 판단하라고 했다. 그는 르네와의 논쟁에서 이길 수 없음을 깨닫고, 그녀가 너무나 완강하다고 보고했다. 르네를 회유하는 데 실패한 예수회는 공작에게 그녀의 모든 사회적 관계를 차단하라고 요구했다. 그는 르네에게서 자녀들을 떼 놓았고, 개신교도 하인들을 모두 내보냈으며, 개신교인 어느 누구에게도 방문을 허락하지 않았다. 또한 그녀의 책도 다 빼앗아 갔다. 르네는 자신을 세뇌하려는 예수회 사람들과만 대화할 수 있었다. 칼빈은 핍박받는 그녀에게 바른 길을 제시하고 용기를 북돋아 주고자 편지를 썼다.

그녀는 협박과 고립 속에서 자신을 도와줄 사람이 아무도 없다는 사실에 두려움을 느끼며 약해져 갔다. 결국 그녀는 자녀들을 향한 사랑과 두려움을 이기지 못하여, 1554년에 아이들을 보는 조건으로 미사에 참석하고 말았다.[17] 예수회는 그녀의 개종을 로마에 자랑했고, 남편은 그녀에게 더

---

17) McCrie, *History of the Progress*, 207,208.

많은 자유를 주었다. 그러나 그녀는 더 이상 그와 함께 살지 않았다.[18]

1559년, 공작은 르네가 로마 가톨릭에 남아 있을 때에만 유산을 물려주겠다는 유언을 남기고 죽었다. 그러나 르네의 신앙은 죽지 않았다. 그녀는 다시 한 번 자신의 개혁주의 신앙을 공개적으로 밝혔다. 그러자 그녀에게 개종하든지, 이탈리아를 떠나든지 하라고 요구했고, 그녀는 결국 프랑스로 돌아가 버렸다. 교황뿐만 아니라 칼빈도 이 결정을 긍정적으로 보지 않았다. 그들은 서로 전혀 다른 이유로 르네의 결정이 현명하지 못하다고 생각했다.

르네가 떠나 있는 30년 동안 프랑스는 변해 있었다. 그녀의 옛 친구들은 대부분 떠나 버렸고, 정치적인 상황도 매우 달라졌다. 르네는 자신의 궁정 안에 다양한 무리와 당파들이 섞여 있는 것을 발견했다. 예를 들어, 딸 안나는 로마 가톨릭 신자인 기즈의 공작과 결혼했다. 그리고 르네 자신은 잔 달브레의 친구이며 드 콜리니 제독과 우정을 나누는 동시에, 카트린 드 메디시스와도 관계를 유지했다. 이렇게 개인적인 차원에서 중립을 지키려다 보니, 어느 누구도 만족시키지 못하는 자리에 서게 되었다.

그녀는 위그노 교회와 정치적 협력 관계를 맺거나 그들에게 군사적 지원을 하지는 않았지만, 할 수 있는 대로 그들에게 피난민의 지위를 부여해 그들을 보호하려고 했다. 그들과 카트린 드 메디시스 사이에서 그들을 위해 중재하기도 했고, 영국의 엘리자베스 1세와 서신을 교환하면서 그들을

---

18) Bainton, *Germany and Italy*, 243.

위해 청원하기도 했으며, 잔 달브레를 격려하기도 했다.

르네는 종교 전쟁으로 인한 고통을 덜어 내기로 결심하고, 선조들이 살던 몽타르지(Montargis) 근교의 땅으로 떠났다. 그곳의 성은 박해받는 개혁신앙인들에게 피난처가 되었다. 그들은 그곳을 오텔 디외(Hôtel Dieu), 즉 '하나님의 숙소'라고 불렀다. 르네는 그곳에서 많은 이들을 돌보았는데, 식사 자리에 300명의 사람들이 함께 앉은 적도 있다고 한다. 그녀의 영지에서는 위그노뿐만 아니라 전쟁으로 고통받는 다른 이들, 이탈리아에서 온 피난민들, 심지어 수도승까지도 도움을 받을 수 있었다.[19]

한편 몽타르지의 주민들은 대부분 로마 가톨릭교도였다. 그래서 르네가 위그노 교회에 참석하는 것에 강하게 반발했다. 그녀는 그들의 반대가 맹렬하다는 것을 알고서 자신의 성에서 예배했다. 그러나 로마 가톨릭의 폭도들은 예배하고 있는 위그노 교회를 습격했고, 개신교인들은 로마 가톨릭의 묘지를 훼손하는 방식으로 대응했다. 이에 가톨릭교도들이 성 앞에서 시위를 벌였으나 곧 해산되었다.

결국 르네의 사위이자 로마 가톨릭 신자였던 기즈의 공작은 몽타르지에 있는 그 "이단의 둥지"를 파괴하기로 결정하고, 르네에게 그곳에서 떠나라고 명령하면서 말리코른느(Malicorne) 장군을 보냈다. 장군은 그녀에게 성을 포기하지 않으면 그 성을 부수고 개혁주의 목사들을 모두 죽이겠다고 협박했다. 르네는 피가 거꾸로 솟는 것을 느끼면서 이렇게 대답했다. "말

---

19) McCrie, *History of the Progress*, 242; Bainton, *Germany and Italy*, 246.

리코른느, 무슨 명령을 받았는지 모르겠지만 조심해야 할 것이오. 이 왕국 안에서 나에게 명령할 수 있는 사람은 왕밖에 없소. 만약 당신이 협박한 대로 실행하려고 한다면, 내가 가장 먼저 앞에 나서서 그대에게 왕의 딸을 죽일 만한 배포가 있는지 한 번 볼 것이오……나에게는 당신이 부린 객기의 결과를 당신 자신과 당신의 자식들, 그리고 아직 요람에서 잠자고 있는 갓난아기들에게까지 다 경험시켜 줄 수 있는 힘이 있소."[20]

한 작가는 르네의 대답을 다음과 같이 표현했다. "이 늙고 가냘픈 여성이 여섯 부대의 군사를 거느린 장군을 겁먹게 했다." 결국 말리코른느는 돌아섰다. 얼마든지 다른 이유를 들어 르네를 그 성에서 쫓아낼 수도 있었겠지만, 이 일이 일어난 직후에 기즈의 공작은 암살되었고, 몽타르지는 평화를 되찾았다.[21] 그러나 당시 상황에서 르네는 수백 명의 피난민들을 다른 곳으로 보내야 했다. 그래서 그녀는 그들에게 필요한 이동 수단과 식량을 공급해 주었다.[22]

르네는 교회의 일에 깊은 관심을 가진 나머지, 당회 자리에까지 참석해 관여하기도 했다. 제네바에서 온 목사 모렐(Morel)은 이에 대해 칼빈에게 불만을 표했다. 칼빈은 여성이 교회의 권위를 행사해서는 안 된다고 가르친 바울의 교훈으로 부드럽게 일깨우면서 그녀의 잘못을 지적했다. 그러자 그녀는, 나바르의 여왕도, 드 콜리니 제독의 아내도, 콩데의 영주의 장

---

20) Baird, *History of the Rise of the Huguenots*, 2:110에서 인용.

21) 르네의 딸 안나는 또 다른 로마 가톨릭 공작과 결혼했는데, 그도 위그노를 대적했다.

22) Bainton, *Germany and Italy*, 247.

모도 똑같이 행한 적이 있으나 자신은 그리하지 않겠다고 답했다.

그 밖에도 칼빈은 그녀의 개인적인 문제들에 도움을 주었다. 한 가지 예를 들자면, 로마 가톨릭 신자였던 그녀의 사위가 죽자 어느 위그노 목사가 그가 지옥에 갔다고 말했고, 그녀는 상처를 받았다. 그래서 그녀는 그에 대한 자신의 생각을 칼빈과 나누었다. 그녀가 제네바로부터 받은 이 목양적 돌봄은 그녀의 삶 전체를 지탱하는 기둥과도 같았다. 그래서 칼빈이 죽었을 때에 그녀는 매우 비통해했고, 칼빈 역시 그녀를 지극히 아낀 까닭에 침상에서 죽어 가면서도 그녀에게 편지를 썼다. 르네는 그를 존경하는 마음과 그에 관한 기억을 소중히 간직했다.

성 바돌로매 축일의 끔찍한 학살로 인해 프랑스의 가톨릭에 대한 르네의 생각에도 변화가 생겼던 것 같다. 가장 비통한 일은 과거에 기즈의 공작 부인이었던 자신의 딸이 그 학살의 정치적 배후에 있다는 사실이었다. 르네는 그 학살이 자행되었던 당시에도, 언제나 그러했듯이 수많은 위그노들을 구하여 보호해 주었다.

르네는 1575년 6월 12일에 몽타르지에서 세상을 떠났다. 위그노들은 그녀의 죽음을 매우 슬퍼했다. 그녀는 다섯 자녀들에게 성경의 진리를 가르치고자 노력했다. 그러나 그들은 모두 로마 가톨릭으로 개종했고, 오직 개신교 교회만이 그녀의 유산을 소중히 기렸다. 그녀가 죽자, 로마 가톨릭은 그녀가 주고받은 편지들을 다 찾아내 없애 버렸다.[23] 그녀는 자신의 성안에 안장되었고, 그녀의 무덤에는 페라라의 문장과 왕관을 씌운 이름의 머리글자가 새겨졌다. 그리고 비석의 한쪽 면에는 프랑스의 백합이, 다른 쪽에는 왕실에서 입는 흰담비 털로 만든 가운이 새겨졌다.

르네가 반신반의하는 성격을 가지고 있었으며 유약하였기 때문에 좀 더 많은 일을 하지 못했을 수도 있다. 그러나 그녀는 자기 주변의 사람들을 사랑하였다. 또한 하나님께서 그녀에게 주신 것들만으로도 그분의 교회를 지키는 일에 사용되기에는 충분했다.

---

23) 안나는 기즈의 공작과 결혼했고, 알폰소는 아버지의 칭호와 직위를 물려받았다. 루크레치아에 관해서는 알려진 바가 별로 없고, 엘레오노라는 불행한 결혼 생활을 했으며, 리귀는 추기경이 되었다. 르네의 서신들 중 남아 있는 것은 많지 않다. 로마의 자료 보관소에 남아 있던 다른 기록들도 소실되었다. Parker, introduction, 18.

12
올림피아 모라타
(Olympia Morata)

유럽의 북쪽으로 종교개혁이 퍼져 나가고 있을 무렵, 이탈리아에는 르네상스의 바람이 불고 있었다. 페라라와 플로렌스(Florence)는 주지주의(intellectualism)와 예술의 중심지였고, 로마에서는 교황이 화가와 조각가와 건축가들을 후원했다. 올림피아 모라타는 이러한 신고전주의와 인문주의의 시대에 태어났다. 그녀는 뛰어난 지적 능력으로 가장 널리 알려졌으나, 고난을 당하면서도 신실했던 모습으로 인해 교회의 소중한 유산으로도 자리매김할 수 있었다.

그녀가 태어난 1526년 또는 1527년에 그녀의 아버지 풀비오 펠레그리노 모라토(Fulvio Pellegrino Morato)는 페라라에서 가르치는 일을 하고 있었다.[1] 그러다가 그녀가 어릴 때에 모라토는 몇 년 동안 궁정을 떠나 비첸차(Vicenza)에서 학교를 열어 자신의 자녀들을 열심히 교육했다. 아마도 이

시기에 그의 신앙에 변화가 찾아온 것으로 보인다. 그가 언제 개종했는지는 알 수 없지만, 이 무렵에 적어도 한 번쯤은 자신의 신학을 다시 생각해 본 듯하다. 1539년에 그의 가족은 페라라로 돌아왔고, 그는 궁정의 개인 교사가 되었으며, 동시에 대학에서도 강의를 했다.[2)]

올림피아에게는 아버지 말고도 이탈리아와 독일에서 온 개인 교사들이 있었다. 그들은 언어학에서부터 코페르니쿠스 천문학에 이르기까지 다양한 분야의 전문가들이었다.[3)] 열두 살 무렵에 이미 그녀의 학문적 능력은 다른 나라에까지 널리 알려졌다. 이로 보건대, 그녀의 학습 능력이 매우 우수했던 것이 틀림없다. 열네 살에 그녀는 라틴어로 공개 강좌를 하고, 키케로(Cicero)를 옹호하는 글을 썼다. 뿐만 아니라 너무나 잘 알려진 대로, 그리스어 실력과 호머(Homer)의 시를 이해하는 능력도 뛰어났다.[4)]

그녀는 학문적 능력이 너무나 탁월하여 르네의 딸인 안나 데스테의 학습 도우미로 고용되기도 했다. 그리하여 십 대 소녀 학자는 공주와 함께 지내게 되었다. 그들은 아리스토텔레스, 오비디우스, 유클리드와 에라스무스 등 철학에서부터 지리학과 언어학, 시 문학까지 모든 것을 함께 읽으면서 시간을 보냈다.[5)] 궁정에서의 삶은 학문을 사랑하고 글쓰기를 즐겼던 올림피아에게 활기를 주는 즐거운 시간이었다.

---

1) Parker, introduction, 3.

2) Parker, introduction, 6.

3) Parker, introduction, 11-14.

4) Parker, introduction, 16.

5) Parker, introduction, 10.

올림피아가 왕궁에서 지내는 동안 이탈리아에서는 종교개혁이 잠시 꽃을 피웠다. 그녀의 아버지가 언제, 어떻게 개종하게 되었는지는 거의 알려져 있지 않지만, 당시에 그는 칼빈주의자들과 아주 친밀한 관계를 맺고 있었다.[6] 반면 궁정에 있는 올림피아는 여전히 고전에 심취해 있었던 탓에 이렇게 말하기도 했다. "나는 신과 관련된 것들에 그다지 흥미가 없다. 신구약성경을 읽어 보면 온통 모순된 이야기들뿐이다." 한때 그녀는 기독교와 고전을 접목해 보려고 노력했는데, 훗날 당시를 회상하면서 영적 무관심의 시기였다고 고백했다.[7]

르네가 힘쓰는 가운데 칼빈이 페라라에 머물게 되자, 그 도시에 복음의 영향력이 커져 갔다. 그런데 올림피아에게 가장 큰 영향을 미친 것은 아버지에게서 나타난 변화였다. 고전적 인문주의에 관심을 두었던 모라토의 마음이 그리스도와 개신교 교회를 사랑하는 마음으로 바뀐 것이다. 그리고 어느 순간부터 올림피아도 그리스도와 그분의 교회를 사랑하기 시작했다.

1546년에 모라토의 건강이 매우 나빠지자, 올림피아는 아버지를 간호하기 위해 궁정을 떠났다. 마지막으로 그는 병상에서 그리스도를 향한 아름다운 고백을 남겼다. 1548년에 겪은 아버지의 죽음은 앞으로 그녀에게 다가올 많은 슬픔의 신호탄이 되었다. 같은 해에 올림피아의 제자이자 친구인 안나가 프랑스 기즈의 공작과 결혼하기 위해 이탈리아를 떠났다. 이제 그녀를 변호해 줄 수 있는 로마 가톨릭 왕족이 없어진 것이다. 그녀는 개

6) Bainton, *Germany and Italy*, 253.

7) Bainton, *Germany and Italy*, 254.

신교인이라는 의혹을 받을 때에 스스로를 방어할 수가 없었다. 물론 그녀는 실제로 개신교인이나 마찬가지였다. 그녀는 개신교인이라는 비난을 받으면서 성경을 읽거나 다른 사람을 만나는 것을 금지당했으며, 결국 이전에 궁정에서 가장 즐겼던 사교 모임에서도 쫓겨났다.[8)]

궁정에서 내쳐진 그녀는 병든 어머니와 세 자매, 어린 남동생과 함께 살기 위해 집으로 돌아갔다. 마치 모세처럼, 그녀도 자신의 신앙을 버리고 경건하지 않은 궁정의 즐거움을 누리기보다 하나님의 백성과 함께 고난받는 길을 택했다. 그녀의 가족과 가까이 지냈던 사람들은, 올림피아가 "가족의 생계를 책임졌으며 형제자매들을 훌륭히 교육했다"라고 증언했다.[9)] 학업의 끈을 놓고 싶지 않았던 올림피아는 이제 성경을 읽었다.

한편 공부하기 위해 페라라 대학에 온 사람들 중 안드레아스 그룬틀러(Andreas Grunthler)라는 독일인 청년이 있었다. 그는 이탈리아에 개혁 신학을 전파하였는데, 그러던 중 올림피아를 알게 되었다. 그룬틀러는 "올림피아의 비범한 학식과 순결한 도덕성을 경애했고, 그녀 역시 그 어떤 결혼 선물보다 남다른 재능을 지닌 한 남성을 존중했다."[10)] 그는 올림피아에게 청혼했고, 그녀는 청혼을 받아들였다. 신랑의 친구는, 올림피아가 그를 택한 이유를 "거룩한 글(sacred literature)에 전념하기가 더욱 용이했기 때문"

---

8) Bainton, *Germany and Italy*, 255.

9) Caelius Secundus Curio to Sixtus Betuleius, Basel, December 25, 1550, in Morata, *Complete Writings*, 62.

10) Curio to Betuleius, in Morata, *Complete Writings*, 62.

이라고 기록했다.[11)]

그들은 1549년 또는 1550년에 아름다운 결혼을 통해 연합함으로써 남편과 아내가 되었다.[12)] 페라라에 있는 작은 개혁 교회는 이 젊은 부부를 축복했다. 스물네 살의 올림피아는 그 결혼을 생각하면서 찬송시를 지었는데, 기독교의 주제를 그리스의 헌정시처럼 각색했다.

만유의 주님, 가장 높으신 통치자여,
남성과 여성을 지으시고,
처음 남자에게 아내를 주셨으니,
그 민족이 끊이지 않네.
죽을 수밖에 없는 영혼을 당신의 아들에게 신부로 주시고
그 아내를 대신해 죽게 하셨네.
행복과 하나 됨을 남편과 아내에게 주셨으니,
두 사람의 만남도, 혼인의 잠자리도, 그리고 결혼의 예식도
모두 당신께로부터 온 것이라.[13)]

그러나 곧 페라라의 이 작은 개혁 교회에 위험이 들이닥쳤고, 올림피아

11) Jakob Baldenburger to Joachim Vadianus, Basel, November 20, 1550, in Morata, *Complete Writings*, 63.

12) Curio to Betuleius, in Morata, *Complete Writings*, 62.

13) Olympia Morata, "Wedding Prayer," in *Complete Writings*, 181.

는 그 도시를 "은혜를 모르는 나의 성"이라 불렀다.[14] 페라라의 공작과 교황은 힘을 합쳐 이탈리아에 있는 개신교 교회를 쓸어버리려고 했다. 그래서 그룬틀러는 독일로 돌아가 일자리를 구하고 살 곳을 마련하려고 했다. 그는 한겨울에 알프스를 넘는 일이 올림피아에게 너무 힘들까 봐 염려하여 그녀를 남겨 둔 채 떠났고, 몇 달 후에 그녀를 데리러 다시 돌아왔다.

그룬틀러와 올림피아는 1550년 5월이나 6월 즈음에 올림피아의 여덟 살 난 남동생 에밀리오(Emilio)[15]를 데리고 출발하여, 티롤(Tyrol)을 통과하고 제국의 군대를 지나 슈바츠(Schwaz)에 도착했으며, 거기서 다시 이동하여 아우크스부르크와 뷔르츠부르크(Würzburg)에 다다랐다.[16] 그녀의 명성은 이미 아우크스부르크에도 알려져 있었다. 그래서 그곳의 부유한 상인이었던 푸거(Fugger) 형제가 그녀를 반갑게 맞아 주었고, 부부는 그곳에서 즐겁게 머물 수 있었다.

그런데 뷔르츠부르크에서 에밀리오가 사고를 당했다. 그가 친구와 놀다가 2층 난간에서 떨어진 것이다. 아이의 머리가 먼저 땅에 닿았고, 그 장면을 목격한 사람들은 아이가 죽었을 것이라고 생각했다. 그러나 아이는 전혀 다치지 않았다. 올림피아는 이 사건을 통해, 하나님께서 천사들의 손으로 자신의 성도를 지키시는 모습을 보게 되었다고 말했다.

---

14) Olympia Morata to Lauren Schleenried, c. January 1553, in *Complete Writings*, 130.

15) 올림피아의 세 자매들은 모두 귀족 여성들의 일을 돕고 있었다. 그중 한 명은 이탈리아의 기독교 신자인 리비니아 델라 로베레(Livinia della Rovere)의 집에 있었다. 올림피아는 리비니아가 자신보다 더 총명하다고 여겼다. Morata, *Complete Writings*, 115,116.

16) Parker, introduction, 26.

독일에서 살면서 그녀가 좋아했던 것 중 하나는 개신교 서적들을 쉽게 접할 수 있다는 점이었다. 그녀는 루터의 저작들을 이탈리아에 있는 친구들에게 보내기도 했다.[17)]

한편 그룬틀러는 오스트리아의 대공 페르디난트 1세(Ferdinand I)의 주치의가 되어 달라는 요청을 받았다.[18)] 두 사람의 대답은 일치했다. 올림피아는 대공의 제안을 거절하면서 이렇게 편지했다. "아마도 저희 부부가 그리스도를 섬기고 있으며, 따라서 그분의 군사로 살겠노라고 맹세했다는 사실이 대공께 잘 알려지지 않은 모양입니다. 만약 저희가 이 맹세를 어긴다면, 저희는 영원한 형벌을 받게 될 것입니다. 그것은 하나님께 죄를 짓는 것이기 때문입니다."[19)]

1550년 말 무렵, 그들은 그룬틀러의 고향인 슈바인푸르트(Schweinfurt)에 도착했다. 그룬틀러는 그곳에 주둔해 있는 군인들의 의무관으로 일하는 자리를 미리 마련해 두었다. 그리하여 위대한 고전학자인 올림피아는 조용한 시골 동네에서 살게 되었다. 그녀는 자신의 지식으로 직접 남동생을 가르쳤을 뿐만 아니라 여러 시편을 그리스어로 번역하였다. 그 지역에 있는 개신교인들, 특히 교회의 목사는 여러 가지 면에서 그녀를 친절히 도와주었다.

---

17) Bainton, *Germany and Italy*, 261.

18) 페르디난트는 1558년에 신성로마제국의 황제가 되었고, 그룬틀러의 재능도 잘 알려지고 있었다. 또한 페르디난트의 딸이 페라라의 르네의 아들과 결혼한 까닭에 개인적인 접점도 있었다.

19) Olympia Morata to Hormann's son, 1552, in *Complete Writings*, 127.

올림피아는 독일과 이탈리아에 있는 친구들뿐만 아니라 멜랑흐톤 같은 신학자들과도 계속 편지를 주고받았으며, 시도 몇 편 썼다. 그녀는 그 시들을 자신의 자녀라고 불렀다.

> 질문에 대답해야 할 것 같네요. 나에게 자녀가 있느냐고 물으셨지요? 이제 내가 당신의 편지를 받은 바로 그날, 그 시각에 낳은 나의 자녀들을 보내 드립니다……다른 자녀는 아직 없고, 현재로서는 기다리고 있는 좋은 소식도 없습니다.[20]

올림피아에게 불임은 소리 없는 고통이었던 것으로 보인다. 그녀는 그 일을 자주 언급하지 않았지만, 언제나 친구들의 자녀에게 관심을 보였다. 아마도 그녀는 어린 동생을 돌보면서 그 고통을 이겨 낸 듯하다.

이 부부는 처음 얼마 동안 슈바인푸르트에서 평화로운 시간을 보냈다. 그러나 결국 그들이 피난처로 삼은 그곳도 큰 위험에 휩싸였다. 온 도시에 전쟁의 광풍이 불어 닥친 것이다. 황제 카를 5세와 싸우고 있던 브란덴부르크(Brandenburg)의 알베르트(Albert)가 슈바인푸르트에 배수진을 쳤다. 1553년 4월에 그의 군대가 마을을 점령하여 요새로 만들었으며, 황제는 그곳을 에워쌌다.[21] 14개월 동안 성을 공격하는 일이 계속되었다.

올림피아의 가족은 끔찍하고도 비참한 전쟁을 마주해야 했다. 대포가

---

20) Olympia Morata to Caelius Secundus Curio, October 1, 1551, in *Complete Writings*, 116.

21) Parker, introduction, 29.

성벽과 집을 파괴했다. 주민들은 집 밖에 나가기를 두려워했고, 때로는 집 안에서 죽음을 맞이하기도 했다. 적군의 무리는 가끔씩 마을을 침략했으며, 사람들의 집으로 쳐들어와 원하는 것을 약탈해 가기도 했다. 이러한 폭력은 심각한 기근으로 이어졌고, 기근은 다시 질병을 낳아 도시 인구의 절반이 목숨을 잃었다.

이 모든 참상 속에서도 올림피아는 용기를 잃지 않았다. 그 시기에 그녀는 자신의 심정을 이렇게 기록하였다. "헤아릴 수 없이 많은 사악한 일들이 우리를 짓누르는 가운데, 우리는 오직 기도하고 성경을 묵상함으로써 참된 위로를 찾았다." 그녀의 남편은 열병을 앓아 목숨이 위태로워졌으나, "아무런 의술의 도움 없이" 병에서 회복되었다.[22] 하나님께서 올림피아의 기도에 응답하신 것이다. 그로 말미암아 그녀는 큰 용기를 얻었다. 남편을 지켜 주신 주님께서 이 전쟁의 화마 가운데서도 그들을 돌보시리라 확신했기 때문이다.

상황은 점점 더 나빠져 갔다. 마을 사람들이 용감히 맞서자, 적군은 더욱 분노했다. 밤에는 불화살이 마을을 덮쳤다. 집은 더 이상 안전한 곳이 아니었다. 그래서 사람들은 땅속으로 피신해야만 했다. 올림피아와 그룬틀러, 에밀리오는 지하 포도주 저장고에서 며칠을 지냈다. 밖으로 나갈 엄두조차 낼 수 없었다. 결국 1554년 6월 12일, 브란덴부르크의 알베르트는 그곳에 있다가는 패배할 수밖에 없음을 깨닫고 한밤중에 돌연 마을을 빠져

22) Olympia Morata to Caelius Secundus Curio, July 25, 1554, in Morata, *Complete Writings*, 139.

나갔다.

다음 날 적군이 마을에 진입했다. 상황은 나아지지 않았고, 오히려 더 큰 핍박이 가해졌다. 그들은 슈바인푸르트를 약탈하고 불을 질렀다. 사람들이 도망치기 위해 성문으로 몰려들었으나, 군인들은 그들을 다시 성안으로 몰았다. 어떤 이들은 집에서 자신의 장례식을 준비하기도 했다. 또 어떤 이들은 무릎을 꿇고 불쌍히 여겨 달라고 빌었으나 아무 소용도 없었다. 많은 사람들이 피난처를 찾아 교회로 몰려들었다. 그러나 교회는 불길에 휩싸여 무너져 내렸고, 사람들은 그 안에 파묻혀 죽고 말았다.

올림피아의 가족도 교회로 들어가려는 인파에 휩쓸렸다. 그때 적군 병사 하나가 지금 달아나지 않으면 온 마을과 함께 잿더미 속에 묻힐 것이라고 말해 주었다. 그래서 그들은 아무것도 챙기지 못한 채 그곳을 떠났다. 뒤를 돌아보니 밤하늘에 치솟는 화염과 불길 속에 힘없이 주저앉는 집들만이 보였다. 올림피아가 남긴 책들도 대부분 불타 없어졌고, 그들의 돈도, 소중한 서적들도 모두 사라졌다. 그들은 서둘러 그곳을 벗어났다.

성 밖에서도 군인들의 약탈이 이어졌다. 그들은 가진 것을 모조리 빼앗겼다. 그리고 그룬틀러는 감옥으로 끌려갔다. 그런데 올림피아에게 몸값을 지불할 돈이 없다는 것을 알게 되자 군인들은 그를 풀어주었다. 피난길에서는 속옷만 남긴 채 입고 있는 옷을 모두 빼앗겼다. 참혹했던 그 밤에 그들은 맨발로 칠흑 같은 어둠 속을 10마일 이상 걸어갔다. 말로 표현할 수 없는 고통 가운데 올림피아는 주님께 부르짖었다. "도와주세요, 도와주세요, 주님의 이름은 사랑이기 때문입니다." 헝클어진 머리에 신발도, 옷도 없

이 도망치던 그녀는 말라리아에 걸리고 말았다.[23]

훗날 올림피아가 남긴 기록에 따르면, 그들이 함멜부르크(Hammelburg)의 어느 마을에 도착했을 때 그녀는 빌려 입은 옷에, 몹시 수척해져 고열에 시달리는, 탈진 직전의 거지 여왕과 같은 모습이었다고 한다. 그녀는 "나는 기지도 못할 정도였다"라고 그날을 회상했다.[24] 그런데도 함멜부르크 마을의 사람들은 그녀가 그곳에 오래 머무는 것을 두려워했다. 왜냐하면 그 지역의 로마 가톨릭 주교가 피난민들을 전부 감옥에 가두라고 명령했기 때문이다. 그룬틀러는 또다시 적군에게 잡혔다가 풀려났다. 이 시기에 올림피아는 말라리아에 결핵까지 앓았던 것 같다.

그들은 다시 길을 떠났고, 팔츠에 이르러 에르바흐(Erbach)의 백작이 다스리는 영지로 갔다. 비로소 안전한 곳에 다다르자 올림피아는 완전히 탈진해 쓰러졌고, 고열로 생사를 넘나들었다. 백작과 그의 가족은 그녀를 극진히 돌봐 주었다. 특히 백작 부인은 그녀를 친자매처럼 보살폈다. 그녀는 조금씩 회복하기 시작했고, 더욱이 에밀리오의 마음이 개혁신앙에 열린 것을 보고는 깊이 감사했다. 아마도 백작 가족이 영향을 미쳤을 것이다. 백작은 가족과 함께 날마다 가정 예배를 드렸으며, 자신의 영지에 있는 사람들을 자주 방문하여 경건하게 살기를 권면했다. 또한 그는 그룬틀러가 하이델베르크 대학의 교수로 임명될 수 있도록 힘써 주었다. 뿐만 아니라 한 귀족은 그녀의 가족에게 돈을 주어 여행 경비를 충당하게 해 주었다.

---

23) Bainton, *Germany and Italy*, 265.

24) Olympia Morata to Caelius Secundus Curio, July 25, 1554, in Morata, *Complete Writings*, 139.

그들이 다시 떠나려고 할 무렵, 올림피아의 건강이 또 나빠져서 4주 정도 안정을 취해야 했다.[25] 그리고 그녀가 회복되자 그들은 다시 새로운 집을 찾아 길을 떠났다. 올림피아에게는 그것이 마지막 여행이 되었다.

1554년 8월, 그들은 기뻐하면서 하이델베르크에 도착했다. 그 도시는 경관이 아름다울 뿐만 아니라, 당대 학문의 중심지였다. 거기서 올림피아는 예전에 자신에게 그리스어를 가르쳐 준 스승을 만났다. 그는 그들을 반갑게 맞아 주었다. 또한 몇몇 출판사에서는, 그들이 가지고 있던 책을 모두 잃었다는 소식을 듣고서 그들에게 책을 주기도 했다. 그러나 여전히 재정이 문제였다. 그룬틀러는 첫 달의 생활비를 감당하기 위해 스무 개의 플로린(florin) 금화[26]를 빌렸다.

남편은 대학에서 의학을 가르쳤고, 올림피아는 집안일을 돌보았다. 그녀는 살림을 하느라 눈코 뜰 새 없이 바쁜 와중에도 "우리 안의 대적, 즉 나의 죄와 옛사람 아담이 늘 함께 있음"을 잊지 않았다.[27] 예전처럼 그녀는 편지를 많이 썼다. 주로, 비록 아침에 조금 더 일찍 일어나야 하더라도 하나님의 말씀을 연구하라고 수신자들을 독려하는 내용이었다. 그러나 아쉽게도 그녀에게 답장하는 사람은 없었던 것 같다. 그래서 그녀는 "내가 그토록 편지를 많이 써도 아무도 나에게 답장하지 않는다는 사실이 참 놀

---

25) Morata, *Complete Writings*, 144.

26) 역자주 - 플로린은 1252년에 이탈리아의 피렌체(Firenze)에서 처음 사용된 금화이며, 이후 서유럽 전체에서 통용되었다.

27) Olympia Morata to Lavinia della Rovere Orsini, August 1, 1554, in *Complete Writings*, 142.

랍습니다"[28]라고 말했다.

올림피아는 페라라에 있던 작은 개혁 교회가 파괴되었다는 소식을 듣고서 매우 슬퍼했다. 교인들 중 일부는 감옥에 갇혔고, 일부는 추방되었으며, 어떤 이들은 도망쳤다. 르네가 잠시 신앙을 저버렸다는 소식도 그녀의 마음을 아프게 했다. 그녀의 친구였던 안나 데스테 역시 프랑스의 개혁 교회를 처참하게 핍박한 기즈의 공작과 결혼했다. 올림피아는 안나에게 편지를 썼다. 안나의 안부를 묻고 자기 남편에 대해 언급한 후, 구원에 관한 이야기를 꺼냈다. 개신교도를 대신하여 안나에게 간청한 것이다.

> 나의 소중한 공주님, 얼마나 많은 무고한 사람들이 그리스도의 복음 때문에 불에 타고 십자가에 달렸는지를 아시나요? 그 사람들을 위해 목소리를 높여야 하는 것이 바로 공주의 자리입니다. 만약 공주님께서 침묵하신다면, 공주님도 그들을 죽이는 일에 동참하시는 것입니다.[29]

이 호소가 안나의 양심을 울렸던 것 같다. 비록 안나는 끝까지 로마 가톨릭 편에 서 있었지만, 동시에 그녀만이 궁정 안에서 유일하게 박해에 반대하는 목소리를 내었다.

올림피아는 에밀리오를 교육하는 데에도 심혈을 기울였다. 그녀는 그에게 고전도 가르쳤지만, 무엇보다 하나님의 말씀을 가르치기를 더욱 좋

---

28) Olympia Morata to Victoria Morata, August 8, 1554, in *Complete Writings*, 146.

29) Olympia Morata to Anne, Duchess of Guise, in Bainton, *Germany and Italy*, 262.

아했다. 가난과 질병의 시대를 살아가는 그녀에게는 그것이 큰 위로가 되었다. 이제 자신의 학업을 계속할 시간도 거의 없고, 어머니도 몹시 그리웠으나, 하이델베르크에서 그들 부부는 안전하게 지낼 수 있었다.

그러나 이토록 평화로운 곳에서 올림피아에게 허락된 시간은 길지 않았다. 슈바인푸르트 성에서 포위되어 지냈던 고통스러운 시간과 그곳을 탈출하면서 겪었던 모진 고난들로 인하여 그녀의 건강은 약해졌고, 완전히 회복되지 못했다. 게다가 1555년 6월에는 하이델베르크에 전염병이 돌았다. 7월이 되었을 무렵 올림피아의 기력은 바닥이 났고, 더 이상 살 가망이 없었다. 그녀는 다시 나을 수 없다는 것을 직감하고 친구에게 이렇게 편지를 썼다. "나는 하루하루 약해져 갑니다. 한 시간 동안 열이 내리지 않고 있습니다."

그녀의 죽음에는 찬란한 소망의 빛이 비추었다. 죽기 몇 시간 전에 잠에서 깬 그녀가 미소를 지었다. 왜 웃는지를 묻자, 그녀는 "꿈에서 지극히 순결하고 가장 아름다우며 찬란한 빛을 보았어요"라고 대답했다.

그러자 남편은 "힘을 내요, 나의 소중한 사랑. 당신은 곧 그 순결한 빛 가운데 살게 될 거예요"라고 말했다. 그녀는 다시 한 번 미소 지으면서 고개를 끄덕였다.

그러고 나서 이내 그녀의 눈이 어두워졌고, 남편에게 이렇게 말했다. "아무것도 보이지 않아요. 그러나 나를 둘러싼 모든 것이 아름다운 꽃으로 장식되어 있어요." 이 마지막 말을 마치고 그녀는 곧바로 잠들었다. 1555년 10월 25일, 올림피아는 이렇게 스물아홉 살이라는 젊은 나이로 세상을 떠났다. 그러나 그녀가 얻은 명성과 경험과 비애는 그 어떤 인생보다도 길었다. 곳곳에서 개신교인들이 그녀의 죽음을 애도했다.

전염병은 멈추지 않았다. 슬픔에 빠진 그룬틀러는 이곳저곳을 가리지 않고 다니면서 아픈 사람들을 치료하다가 자신도 그 병에 걸리고 말았다. 마치 자신을 죽음에 내던지는 것 같았던 그는 결국 한 달이 지나기도 전에 목숨을 잃고 말았다. 에밀리오도 이 병으로 희생되었다. 세 사람은 모두 하이델베르크에 있는 성 베드로 교회에 묻혔다. 그들의 비석에는 다음과 같은 글귀가 새겨져 있다.

> 영원하신 하나님의 이름 안에서, 안드레아스 그룬틀러의 사랑하는 아내인 올림피아 풀비아 모라타를 기억하며. 여러 언어에 능통하였으며 놀랍도록 순결하고도 경건하였던 그녀의 삶은 그녀를 비범한 여성으로 드높였다. 그러나 생전의 그 어떤 업적보다 죽음 앞에서 남긴 그녀의 증언이 더욱 위대했다. 주후 1555년 낯선 땅에서, 스물아홉 살의 나이로 평화롭고도 행복하게, 그리고 거룩하게 생을 마쳤다. 이곳에 그녀와 그녀의 남편, 그리고 그녀의 남동생이 함께 누워 있다.

올림피아의 저작들은 대부분 성이 포위되었을 때에 불타 없어졌다. 그 후에 안전하게 살게 되었을 때에는 그녀가 대부분의 시간을 집안일을 하면서 보낸 데다가 생애가 너무 짧았던 까닭에, 그녀가 남긴 편지들 외에는 그녀에 관해 새롭게 쓸 만한 자료가 별로 없다. 그녀의 동생은 교육을 잘 받았지만, 그 재능을 써 볼 기회도 없이 죽고 말았다. 그리고 그녀에게는 자녀도 없었다. 어찌 보면 올림피아의 삶에는 열매가 별로 없어 보인다.

그러나 그녀의 편지는 많은 기독교인들에게 용기를 주었다. 또한 그녀의 노력 덕에 프랑스 궁정의 어떤 이는 박해받는 위그노들을 위해 목소리를 높였다. 그녀의 글 중 어떤 것들은 지금까지 전해지면서 여러 차례 번역되기도 했다.[30] 특히 오늘날 그리스도의 교회에 그녀가 남긴 가장 큰 공헌은, 수많은 역경 속에서도 믿음을 잃지 않는 신실함의 본을 보여 준 것이다. 그녀는 이렇게 말했다. "나 자신은 산산이 흩어지기를 바란다. 그러나 나는 그리스도 안에서 나의 삶이 더욱 풍요로워지리라고 마음 가득 넘치도록 확신한다."[31]

30) 그녀의 작품 모음집은 그녀가 죽고 나서 3년 후에 처음으로 출간되었고, 그 후에도 몇 차례 재발행되었다. 그중 두 번째 판은 "기독교 교회의 후원자"라고 불린 엘리자베스 1세에게 헌정되었다. Olympia Morata, *Olympiae Fulviae Moratae Foeminae ac plane Divinae Orationes, Dialogi, Epistolae, Carmina, tam Latina quam Graeca*, ed. Celio Secondo Curione (Basel: Perna,1580), frontispiece, dedication.

31) "Olympiae Votum," in Morata, *Complete Works*, 183.

나가는 말

이 책에 등장하는 여성들 가운데 어떤 이는 독자들에게 친숙할 것이다. 안나 라인하르트가 가족을 돌본 이야기, 잔 달브레와 남편 사이의 불화, 캐서린 윌로우비의 예리한 기지 등이 책을 읽는 동안 생생하게 떠올랐을 수도 있다. 모든 인물들은 저마다 우리에게 교훈을 전한다. 한 사람 한 사람이 서로 다른 모습으로 자기희생의 정신을 보여 주기도 한다. 이 짧은 전기에서 마주친 그들의 인생은 우리가 날마다 신실하게 살도록, 곧 하나님께서 우리를 두신 그 자리에서 우리에게 맡기신 일들을 신실하게 해 나가도록 독려하고 동기를 부여한다. 여러 기독교인들의 삶을 들여다봄으로써 우리도 삶 가운데 적절한 가르침을 얻게 된다.

그들이 처한 환경이나 관습 등은 각각 달랐지만, 그들의 삶을 지배한 원리는 동일했다. 곧 우리도 그와 동일한 원리를 활용할 수 있다는 말이다. 그래서 지금까지 살펴본 여성들의 공통점이자 오늘날의 교회를 더욱 든

든히 세우는 데 도움이 될 만한 내용 일곱 가지를 골라 보았다.

첫째, 환경이 아무리 갑작스럽게 변해도 열매 맺는 일을 멈추지 않았다. 이 책에 나오는 여성들은 인생에서 엄청난 변화들을 겪곤 했다. 로마 가톨릭 수녀에서 종교개혁자의 아내가 되기도 하였고, 행복한 결혼 생활을 하다가 가난한 과부가 되기도 하였으며, 여왕의 자리에서 도망자 신세가 되거나, 너그럽게 베풀면서 살다가 핍박을 받기도 하였다. 누구라도 이런 변화를 겪으면 흔들릴 수밖에 없을 것이다. 그러나 이들은 어떤 상황에 처해도 항상 신실했으며, 열매 맺는 삶을 포기하지 않았다.

상황이란 그런 것이다. 상황이란 우리에게 주어질 뿐 우리가 선택할 수는 없으며, 흐름과 방향은 있으나 규정하거나 지시하지는 않는다. 살아가다가 어떤 지위나 위치를 잃을 수도 있지만, 이 여성들에게 그것은 그들의 소명이 사라진 것을 뜻하지 않았다. 오히려 새로운 상황에서 그들의 소명을 다시 점검해야 한다는 것을 뜻했다. 이전에 했던 일들, 예컨대 아이들을 가르치거나 목회자들에게 편지를 쓰거나 남편을 뒷바라지하는 일 등을 계속할 수 있는 상황이라면 그들은 그 일들을 했다. 반면 과거의 지위나 돈, 자유, 또는 다른 어떤 것을 잃어서 더는 이전의 일을 계속할 수 없게 되면, 그들은 새로운 소명을 향해 방향을 바꾸었다.

올림피아 모라타는 고향을 떠난 후, 예전처럼 공부하며 글을 쓸 수 있게 될 때까지 기다리고 있지 않았다. 오히려 계속 글을 써 나갔고, 자신의 학식으로 남동생을 가르쳤다. 안나 아들리슈바일러는 적군들이 집 안으로 들어와 주둔해 있을 때, 개신교 군대가 와서 자신을 구해 주기를 기다리지 않고 스스로 탈출하여, 피신해 있는 남편을 찾으러 갔다.

환경이 우리를 지배한다고 생각하거나 그렇게 믿고 행동하는 것은, 열매 맺는 삶을 가로막는다. 물론 환경이 우리의 일에 영향을 미치거나 변화를 일으키는 것은 사실이다. 그렇다 하더라도, 우리는 우리가 받은 재능을 주신 분의 뜻에 따라 신실하게 사용하는 일을 결코 멈추어서는 안 된다.

둘째, 이 책에 등장하는 여성들은 모두 다면적인(multifaceted) 정체성을 가지고 있었다. 그들이 정체성에 관해 생각하는 바는 오늘날 우리가 생각하는 바와 다를 것이다. 다만 그들의 글과 행적들을 보면, 그들이 근본적으로 스스로를 개혁주의 신앙인으로 인식하고 있었음을 볼 수 있다. 어쩌면 다양한 이름표가 없었기 때문에 오히려 그들이 한 번에 여러 가지 모습을 나타낼 수 있었는지도 모른다.

오늘날 교회에서 여성은 '미혼의 직장 여성'이나 '홈스쿨을 하는 엄마'나 '자식들을 모두 출가시킨 노인' 정도의 모습으로 인식되곤 한다.[1] 이런 이름표들은 남들에게 내 삶의 모습이 어떠한지, 지금 어떤 상황에서 어떻게 살아가고 있는지 등을 어느 정도 보여 주기도 한다. 또한 그런 것들은

1) 역자주 - 이 표현들은 교회를 다니는 기독교인 여성이 21세기 북미의 문화 속에서 어떤 모습으로 비치는지를 보여 준다. 특히 저자가 속한 북미연합개혁교회(United Reformed Churches in North America)에서는 개혁 교회의 전통인 교회 중심의 기독교 학교가 많이 사라지고, 대신 공립학교나 다른 교단의 기독교 사립학교에 보내거나 아예 부모가 집에서 자녀를 교육하는 이른바 홈스쿨링을 한다. 또한 서구인들은 만 18세가 되어 법적으로 성인이 되면 스스로 독립하려는 경향이 강해서, 고등학교를 졸업한 자녀들이 집을 떠나 혼자 살아가는 일이 많다. 이렇게 자녀를 다 키워 독립시킨 뒤 집에 남는 부모들이 종종 허전함을 느끼는 현상을 '빈 둥지 증후군(Empty Nest Syndrome)'이라고 부른다. 본 서가 말하는 교회 안의 여성에 대한 인식은 이런 북미의 사회 문화적인 배경에서 나온 것이며, 따라서 한국의 상황과는 많이 다를 수 있음을 염두에 두어야 한다.

어느 정도 '처음에 규정된' 정체성이기도 하다.

그런데 이렇게 우리 자신을 한두 가지 특정한 정체성 안에 가두어 규정짓는 것은, 언제 어디서든 마음을 열고 주어지는 일을 받아들이기보다는 자신에게 익숙한 상황을 벗어나지 않으려는 시도일 수 있다. 우리가 스스로를 아내라고 규정하더라도 언젠가 과부가 될 수 있고, 직업과 관련지어 규정하더라도 언젠가 실업자가 될 수 있다. 그렇게 되면 정체성에 위기가 온다. 우리 스스로 규정한 정체성이 사라져 버리면 안정감과 자존감이 수그러든다.

이 책의 여성들이 어떻게 그토록 다양한 상황 속에서 여러 모습으로 열매 맺을 수 있었는지를 잘 생각해 보면, 그들이 다른 무언가가 아니라 단 한 가지, 곧 영적인 정체성에만 집중했음을 분명히 보게 된다. 그들은 그저 기독교인이었던 것이다. 그리고 기독교인이되 아내로서, 어머니로서, 여왕으로서, 작가로서, 안주인으로서, 지도자로서, 또는 선생으로서 여러 가지 일을 한 번에 맡아 했을 뿐이다. 이런 부수적인 정체성은 어느 하나가 사라지면 또 다른 것으로 채워진다. 아내에서 조언자로, 전도자에서 편지를 쓰는 사람으로……. 섭리에 따른 인도하심에 민감하고 새로운 상황에서도 신뢰를 잃지 않는 것, 이것이 바로 구름같이 둘러싼 허다한 증인들이 갖춘 요건이다.

만일 여성 기독교인이 신앙을 삶의 유일한 정체성으로 삼는다면, 그 밖의 다른 역할이나 부수적인 정체성이 변한다고 해서 열매 맺는 삶을 중단하지는 않을 것이다. 단지 그 방향을 돌릴 뿐이다. 이름표를 바꾸어도 우리는 흔들리지 않는다. 왜냐하면 우리에게는 변하지 않는 영원한 정체성이 있기 때문이다. 물론 우리 자신에 대한 인식을 바꾸는 것은 쉬운 일이 아니다. 카타리나 쉬츠에게 자신이 낳은 자식들을 다 잃어버리는 것은 정말이지 끔찍하고도 힘겨운 일이었을 것이다. 다만 우리가 구원받은 죄인이요 영광을 약속받은 자이며, 이 땅에서 잠시 맡겨진 일을 하고 있을 뿐임을 알게 된다면, 그 어떤 일도 기꺼이 받아들일 수 있을 것이며, 또한 하나님께서 가져가시는 이름표를 얼마든지 떼어 버릴 수도 있을 것이다. 하나님은 필요한 일이라면 무엇이든 하겠다는 열린 마음을 강하게 사용하신다.

셋째, 종교개혁 당시 경건한 남성과 결혼한 여성들은 성경이 말하는 가정의 머리 됨에 복종하는 것이 열매 맺는 길임을 알았다. 그것은 결코 여성이 가진 영적, 지적, 사회적, 관계적 능력이나 기회를 짓밟는 것이 아니다. 오히려 이 책에 나타나는 아름다운 결혼 관계에서 보듯이, 남편이 그리스도처럼 가정을 이끌고 아내가 그 지도함에 복종하는 것은 나라를 뒤바꿀 수 있는 잠재력을 가지고 있다.

남편의 작은 갈비뼈 한 조각이고자 했던 카타리나 쉬츠는 남편의 격려로 자신의 글을 출판하고, 그 도시 사람들을 위해 봉사할 수 있었다. 빌럼 판 오라녀는 자신과 결혼했던 두 명의 아내에게서 조언과 도움을 구했고, 이를 통해 역사를 바꿀 수 있었다. 캐서린 윌로우비는 브랜든의 지위와 도움으로 교회를 보호하고 재정적으로 후원할 수 있었으며, 버티는 그녀의 일을 지지하고 도와주었다.

경건한 남편들은 아내를 사랑하여 그 여성들을 어리광쟁이로 만들거나 억압한 것이 아니라 오히려 그들에게 더 큰 힘이 되어 주었다. 이것을 알려면, 그 여성들이 과부가 되고 나서 어떻게 살았는지를 보면 된다. 아름다운 결혼 관계는 슬픔 속에서도 열매 맺을 수 있는 원동력이 된다. 성경적인 동반자 관계는 개인을 나약하고 의존적이게 만들지 않으며, 남편과 아내 각자를 더욱 강인하게 만든다. 그들이 한 목표를 가지고 서로 존중하면서 살아간다면, 사랑으로 지도하고 신뢰로 복종할 수 있다. 그리고 부부 사이에 서로를 보완해 주는 소명이 있음을 알게 되어 그 안에서 격려와 지지와 자유를 발견할 수 있다.

넷째, 이 책에 나오는 여성들은 섬김이야말로 선한 지도력이라는 점을 증명했다. 그들이 가정과 교회, 공동체와 국가에서 효과적인 지도력을 발휘할 수 있었던 이유 중 하나는, 남을 위해 자신의 편안함과 시간과 힘을 희생하는 그들의 모습을 사람들이 볼 수 있었다는 것이다. 사람들은 그들의 동기를 신뢰했다. 왜냐하면 그 여성들이 한 일들에서 이기적인 동기를 거의 찾아볼 수 없었기 때문이다.

그들은 수많은 일들을 열린 마음과 섬기는 마음으로 감당했다. 그래서 그들은 주방이든 왕궁이든 자신이 서 있는 곳에서 합당한 권리를 인정받을 수 있었다. 사람들은, 자신이 돌보는 사람들을 위해 희생할 줄 아는 지도자라면 아무리 힘든 상황에서도 그를 믿고 따른다. 어머니와 함께 피난길에 오른 아이들, 공주의 지휘 아래 전쟁터에 뛰어든 군인들도 바로 그러했다.

이것은 우리에게도 똑같이 적용되는 진리이다. 우리는 진실로 하나님과 그분의 교회를 향한 사랑, 오직 그 한 가지 동기만으로 살아가고 있는가? 우리는 가정과 교회, 우리가 속한 공동체 안에서 진정으로 섬기는 지도력을 보이고 있는가?

다섯째, 모든 사람은 저마다 가지고 있는 재능을 사용해야 한다. 재능이란 몇 주 동안 수많은 피난민들을 돌보거나 신학 논문을 쓰거나 군대를 이끄는 일들만을 말하지 않는다. 이 책에 나오는 여성들은 하나님께서 그들을 두신 자리에 꼭 필요한 재능을 가지고 있었으며, 그것을 잘 사용하였다. 마르가레트 블라우러와 올림피아 모라타는 완전히 달랐으나, 그것은 조금도 문제가 되지 않았다. 그들이 각자의 상황에서 자기가 가진 재능을 잘 활용했기 때문이다. 그들이 상대방의 일을 하려고 했다면 오히려 할 수 없었을 것이다.

하나님은 각 사람에게 가장 알맞은 재능을 주시고는, 그들을 가장 적절한 자리에 두고 그 재능을 사용하신다. 우리 가운데서도 어떤 이는 미혼모센터에서 자원봉사하는 일보다 교회에서 과부들을 찾아보고 돌보는 일을 더 잘할 수 있는 한편, 또 어떤 이는 그와 반대일 수도 있다. 그것은 지극히 정상이다. 교회는 다양한 사람들이 모여 있는 곳이며, 그들에게는 서로의 재능이 필요하다. 과연 우리는 하나님께서 우리를 두신 자리에서 온 힘을 다해 우리의 재능을 사용하고 있는가?

여섯째, 하나님은 개인의 신실함을 사용하여 그분의 왕국을 이루어 가신다. 이 책에 언급된 여성들에게는 저마다 부족함이 있었다. 루이즈 드 콜리니 같은 경우, 교회는 돌보면서도 자기 자신은 돌보지 못하는 면이 있었다. 어떤 이들은 너무 관대했고, 또 어떤 이들은 유연하지 못했다. 지혜롭지 못한 선택으로 중대한 결과를 초래한 이들도 있었다. 그러나 그들은 모두 자신의 삶과 교리에 신실하려고 노력했으며, 하나님은 서로 다른 상황에서 서로 다른 방식으로 그들의 신실함에 복을 베푸셨다.

남편의 일을 돕고 후원했던 여성들은 가족과 공동체를, 나아가 그들의 국가를 변화시킬 수 있었다. 기독교가 자기를 희생하여 나그네를 돌보고 배고픈 자를 먹이며 헐벗은 자를 입히는 일을 충실히 감당한다면, 사람들의 눈에 띄지 않을 수가 없다. 그런 일들을 감당하면서 복음을 전하는 것이 바로 구원의 은혜를 증언하는 것이다. 이것은 지금도 당연한 진리이다. 주님은 명예나 권력이나 경건의 모양이 아니라 신실함을 소중히 여기고 복되게 사용하신다. 하나님은 신실하게 자신의 교회를 섬기는 자들을 통해 일하신다.

일곱째, 우리가 맡겨진 일들을 다 마쳤을 때, 그 이전도 아니고 이후도 아닌 바로 그때, 하나님께서 우리를 이 땅에서 데려가신다. 우리는 지나간 역사를 살펴보는 차원에서 이 여성들의 삶과 업적을 되돌아볼 수 있다. 위그노들은 잔 달브레가 죽은 것을 슬퍼할 뿐 하나님께서 그녀를 더 큰 슬픔에서 건지셨다는 사실을 알지 못했다. 그러나 지금의 우리는 젊은 나이에 순교했던 여성들을 보면서 그들의 피가 교회의 씨앗이 되었음을 알 수 있다. 그 당시에는 그것을 깨닫기 어려웠지만 말이다.

우리의 삶에서도 마찬가지이다. 우리는 죽음이 찾아오는 순간을 다 헤아릴 수 없지만, 지나고 나면 그 의미를 알게 된다. 나의 죽음도 마찬가지이다. 해야 할 일을 남겨 두고 죽거나 할 일을 다 마치고도 죽지 않는 기독교인은 있을 수 없다. 우리가 거룩함에 더 가까워지고 천국을 바라보면서 열심히 살다 보면, 하나님께서 정하신 때에 본향으로 돌아갈 것이다. 그 이후도, 이전도 아닌 바로 그때에 말이다.

이 여성들은 어떻게 그렇게 살 수 있었을까? 일평생 어떻게 흐트러지지 않고 그런 원리들을 따르면서 살 수 있었을까? 아마도 그들이 올바른 관점을 가졌기 때문일 것이다. 그들은 먼 미래를 바라보았다. 즉, 하나님의 은혜로 말미암아 큰 그림을 볼 수 있었다. 멋진 주말을 보내는 것, 자식들을 좋은 대학에 보내는 것, 손주들을 돌보는 것 등은 그들의 목표가 아니었다. 그들의 목표는 그들이 어디에 있든지 그곳에 굳건하고도 신실한 교회를 세워 흥왕하게 하는 것, 그리하여 자신이 세상을 떠나고 나서도 언제나 그곳에 교회가 남아 있도록 하는 것이었다. 이처럼 그들은 자신의 한평생을 초월하는 목표를 가지고 있었으며, 그러하기에 그것을 일상을 이끌어 가는 관점과 목적으로 삼을 수 있었다. 멀리 내다봄으로써 눈앞의 일을 바르게 할 수 있는 능력을 가지게 된 것이다.

이 여성들의 삶은 성화의 과정이었다. 그들은 본성의 이기심을 따르지 않고 자신을 버리는 사랑으로 열매 맺는 삶을 살았다. 이러한 성화는 수동적인 과정이 아니다. 그들은 사회 관계망 매체(SNS)로 수다를 떨거나 블로그에 엄마표 글을 올리면서 영적 성숙이 저절로 이루어지기를 기다리지 않았다. 그들은 적극적으로 성화를 추구하면서 살았다. 성경을 읽고 기도하며, 일주일에 몇 번이든 기꺼이 예배에 참석하고 성도와 교제하며, 신학적인 연구와 토론을 가까이하고 의식적으로 자기를 부인하며 살았다. 그리하여 하나님께 복을 받는 성숙한 일꾼이 되었다. 그리스도의 지상 명령 앞에서 개인적인 목표나 편안함, 계획 등은 부차적인 것일 뿐이었다.

실제로 이 여성들의 삶을 성경에 비추어 보면, 그들의 모습이 히브리서 13장 말씀과 놀랍도록 유사한 것을 발견할 수 있다. 때로는 잘못도 했지만, 그들은 형제 사랑하기를 계속했으며(히 13:1 참고), 희생을 두려워하지 않고 손님을 대접하여 그들을 찾아온 손님과 가족들이 큰 복을 누렸다(히 13:2 참고). 그들은 감옥에 갇힌 신자들을 방문하거나 그들에게 편지를 썼고(히 13:3 참고), 신실하지 못한 남편을 만났을지라도 결혼을 귀히 여겼다(히 13:4 참고). 재산이나 부를 잃어도 그로 인해 흔들리지 않았으며(히 13:5 참고), 오직 주님만을 절대적이고도 유일한 도움으로 여기면서 바라보았다(히 13:6 참고).

때로는 잘못된 길로 인도하는 거짓 교사들 때문에 고난을 겪기도 했지만, 세상을 떠나기 직전에는 그들 모두가 그리스도의 희생 제사를 굳게 신뢰한 듯 보인다(히 13:7-12 참고). 자주 거주지를 옮기고 쫓겨나고 도망다니는 삶은, 그들이 이 땅에서 영구한 도성을 가지지 않고 하늘의 것을 찾았음을 분명히 보여 준다(히 13:14 참고). 또한 그들이 위협과 두려움에 맞서 고백한 신앙은 하나님께 드리는 찬송의 제사였다(히 13:15 참고). 이 모든 것들이 바로 그리스도의 형상을 닮아 가는 삶이다.

이 여성들은 지적이거나 정서적이거나 신체적인 면에서 자신만의 독특

한 장점을 가지고 있었다. 그런데 이 여성들이 모두 똑같이 가지고 있는 것이 있었다. 바로 영적 강인함이다. 이것은 성경에 대한 지식과, 하나님과 개인적으로 나누는 교제에서 비롯되었다. 오직 하나님의 말씀에서 인생을 어떻게 살아야 하는지, 나를 구속하신 분께 어떻게 내 몸을 산 제사로 드릴 수 있는지를 배우고, 그 말씀대로 살 뿐이었다. 슈퍼우먼 같은 것은 없었다. 단지 순종하며 거룩함에 이르는 여성만이 있었을 뿐이다. 서로 재능과 상황과 성격과 기호가 다르고 심지어 부족한 점도 있었지만, 그들의 영혼은 성경적인 모습을 띄고 있었으며, 그래서 그들은 저마다 천국의 열매를 맺었다. 이 여성들의 공통적인 특징은 바로 그리스도를 닮은 것이다. 그리고 그것은 모든 신자들에게 동일한 소명이다.

놀랍게도 구름같이 둘러싼 허다한 증인들의 수가 계속 늘어나고 있다. 과거를 돌아보면, 우리는 허다한 무리 중 오직 기록으로 남겨진 일부만을 볼 수 있을 뿐이다. 그러나 강인하고도 개혁적인 여성이 16세기에만 살았던 것은 아니다. 우리는 구약과 신약 시대에도, 그리고 오늘날 이 세상 어딘가에서도 하나님께서 그런 여성들을 일으켜 세우고 계시는 것을 확신할 수 있다. 그들이 다른 나라에 살고 있어서 우리가 아직 들어 보지 못했을 수도 있지만, 훗날 교회의 역사에 기록될 그 여성들이 지금 이 순간에도 어딘가에서 살며 일하고 있을 것이다. 단지 지금은 우리에게 그 여성들의 이야기가 없을 뿐이다.

그들의 이야기는 이 책에 기록된 이야기들과는 사뭇 다를 것이다. 그들이 지금 다른 시대, 다른 장소, 다른 문화 속에서 살고 있기 때문이다. 적어도 내가 아는 한, 거대한 군대를 지휘하는 개신교인 공주는 이제 어디에도 없다. 그러나 나이지리아에서 난민들을 돌보는 목사의 아내가 있을 수도 있다. 또는 중국에서 사업을 하면서, 성경이 없는 곳에 비밀리에 성경을 나누어 주는 여성 사업가가 있을지도 모른다. 또한 어느 개발 도상국에는 권력 있는 불신자 남편과 결혼하여 아이들을 믿음으로 키우기 위해 애쓰는 아내가 있을지도 모른다. 훗날 우리의 딸들과 손녀들이 그 여성들의 이야기를 듣게 되기를 바랄 뿐이다. 이제 우리는 하나님께서 그러한 여성들을 일으키시고, 또한 우리도 그들과 같이 되도록 준비시켜 주시기를 기도해야 할 것이다.

연대표

1484년경 안나 라인하르트 출생

1492년 마르그리트 드 나바르 출생

1494년경 마르가레트 블라우러 출생

1497년경 카타리나 쉬츠 출생

1504년경 안나 아들리슈바일러 출생

1510년 페라라의 르네 출생

1517년 루터가 비텐베르크 교회 문에 95개조 반박문을 게시함

1519년경 캐서린 윌로우비 출생

1526년경 올림피아 모라타 출생

1528년 잔 달브레 출생

1534년 수장령으로 헨리 8세가 영국 교회의 머리로 선포됨

1536년 존 칼빈이 제네바에서 사역을 시작함

1538년 안나 라인하르트 사망

1541년 마르가레트 블라우러 사망

1546년경 샤를로트 드 부르봉 출생

1548년 샤를로트 아르발레스트 출생

1549년 마르그리트 드 나바르 사망

1555년 올림피아 모라타 사망, 루이즈 드 콜리니 출생

1561년 벨직 신앙고백서 작성

1562년 카타리나 쉬츠 사망

1563년 하이델베르크 교리문답 작성

1564년 안나 아들리슈바일러 사망

1566년 제2 스위스 신앙고백서 작성

1572년 잔 달브레 사망, 성 바돌로매 축일의 학살

1575년 페라라의 르네 사망

1580년 캐서린 윌로우비 사망

1582년 샤를로트 드 부르봉 사망

1598년 낭트 칙령 발표

1606년 샤를로트 아르발레스트 사망

1620년 루이즈 드 콜리니 사망

가계도

복잡한 혈통 관계를 분명하게 보여 주기 위해 본 가계도를 첨부한다. 쉽게 설명하기 위해 결혼 관계와 출생한 자녀를 전부 표기하지는 않았다. 다만 빌럼 판 오라녀의 법적인 자녀는 예외로 한다. 표기된 연도는 출생과 사망 연도를 가리킨다. 카트린 드 메디시스와 앙리 2세 사이에서 난 자녀들은 연대순으로 되어 있지 않은데, 이는 그들의 딸과 앙리 4세가 결혼한 것을 보여 주기 위함이다. 카트린 드 메디시스가 잔 달브레의 사촌과 결혼한 점을 유의하여 보라. 페라라의 르네의 아버지 루이 12세는 두 번째 아내가 죽은 후에 메리 튜더와 결혼했다. 캐서린 윌로우비는 레이디 제인 그레이의 의붓할머니인데, 9일 동안 재위했던 여왕보다 거의 30년을 더 살았다.

1

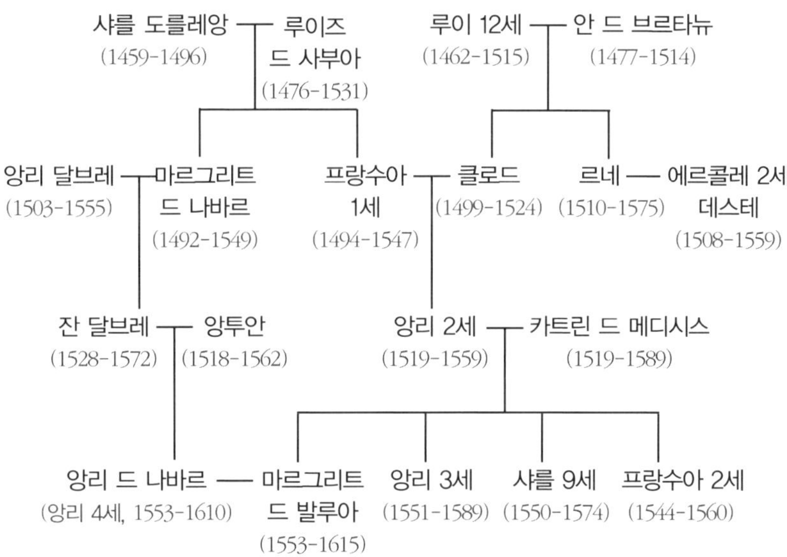
샤를 도를레앙
(1459-1496)
루이즈 드 사부아
(1476-1531)
루이 12세
(1462-1515)
안 드 브르타뉴
(1477-1514)
앙리 달브레
(1503-1555)
마르그리트 드 나바르
(1492-1549)
프랑수아 1세
(1494-1547)
클로드
(1499-1524)
르네
(1510-1575)
에르콜레 2세 데스테
(1508-1559)
잔 달브레
(1528-1572)
앙투안
(1518-1562)
앙리 2세
(1519-1559)
카트린 드 메디시스
(1519-1589)
앙리 드 나바르
(앙리 4세, 1553-1610)
마르그리트 드 발루아
(1553-1615)
앙리 3세
(1551-1589)
샤를 9세
(1550-1574)
프랑수아 2세
(1544-1560)

2

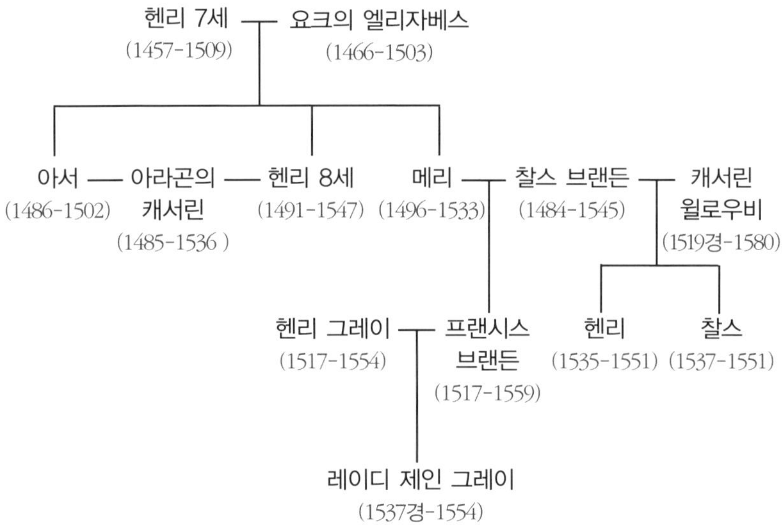
헨리 7세
(1457-1509)
요크의 엘리자베스
(1466-1503)
아서
(1486-1502)
아라곤의 캐서린
(1485-1536)
헨리 8세
(1491-1547)
메리
(1496-1533)
찰스 브랜든
(1484-1545)
캐서린 윌로우비
(1519경-1580)
헨리 그레이
(1517-1554)
프랜시스 브랜든
(1517-1559)
헨리
(1535-1551)
찰스
(1537-1551)
레이디 제인 그레이
(1537경-1554)

3

빌럼 판 오라녀 (침묵공 빌럼, 1533-1584)

- ❶ 에그몬트의 안나(1533-1558)
- ❷ 작센의 안나(1544-1577)
- ❸ 샤를로트 드 부르봉(1546경-1582)
- ❹ 루이즈 드 콜리니(1555-1620)

❶

- 마리아 (1553-1555)
- 필립스 빌럼, 오라녀 공 (1554-1618)
- 마리아 (1556-1616)

❷

- 안나 (1562)
- 안나 (1563-1588)
- 마우리츠 필립스 (1564-1566)
- 마우리츠, 오라녀 공 (1567-1625)
- 에밀리아 (1569-1629)

❸

- 루이자 율리아나 (1576-1644)
- 엘리자베스 (1577-1642)
- 카타리나 (1578-1648)
- 샤를로트 플란드리나 (1579-1640)
- 샤를로트 브라반티나 (1580-1631)
- 에밀리아 안트베르피아나 (1581-1657)

❹

- 프레데릭 헨드릭, 오라녀 공 (1584-1647)

참고 문헌

Alexander, J. H. *Ladies of the Reformation.* Harpenden, U.K.: Gospel Standard Strict Baptist Trust, 1978.

Anderson, James. *Ladies of the Reformation*. London: Blackie and Son, 1858.

Bainton, Roland H. *Women of the Reformation: From Spain to Scandinavia.* Minneapolis: Augsburg, 1977.

_______. *Women of the Reformation in France and England.* Minneapolis: Fortress, 2007.

_______. *Women of the Reformation in Germany and Italy.* Minneapolis: Augsburg, 1971.

Baird, Henry M. *History of the Rise of the Huguenots of France*. Vol. 2. New York: Charles Scribner's Sons, 1900.

Barton, F. Whitefield. *Calvin and the Duchess*. Louisville, Ky.: Westminster John Knox Press, 1989.

Blarer, Ambrose, and Thomas Blarer. *Briefwechsel der Bruder Ambrosius und Thomas Blaurer, 1509-1548, Band III*. Stuttgart: Freiburg i. Br., 1910.

Bowles, Caroline. *Olympia Morata: Her Times, Life, and Writings, Arranged from Contemporary and Other Authorities*. London: Smith, Elder and Co., 1834.

Broomhall, Susan. *Women and Religion in Sixteenth-Century France.* New York: Palgrave MacMillan, 2006.

Bucer, Martin. *Martin Bucer Briefwechsel, Band III, Band V-VIII (1527-1529, 1530-1532)*. Leiden: Brill, 1995-2011.

Bullinger, Heinrich, *The Christen State of Matrimonye*. Translated by Miles Coverdale. Facsimile of 1541 edition. Amsterdam: Theatrum Orbis Terrarum, Ltd., 1974.

_______. *Heinrich Bullinger Diarium (Annales vitae) der Jahre 1504-1574*. Zurich: Theologische Buchhandlung Zürich, 1985.

Constant, G. *The Reformation in England: Edward VI, 1547-1553*. New York: Sheed and Ward, 1942.

Cook, Faith. *Lady Jane Grey: Nine Day Queen of England*. Darlington, U.K.: Evangelical Press, 2005.

D'Aubigne, J. H. Merle. *The Reformation in England*. Vol. 2. Edinburgh: Banner of Truth, 1994.

De Coligny, Louise. *Correspondance de Louise de Coligny Princesse d'Orange (1555-1620)*. 1887. Reprint, Geneve: Slatkine Reprints, 1970.

De Mornay, Charlotte. *Memoires de Madame de Mornay*. Paris: Jules Renouard, 1868.

De Navarre, Marguerite. *The Coach and the Triumph of the Lamb*. Translated by Hilda Dale. Exeter, U.K.: Elm Bank Publications, 1999.

_______. *Selected Writings*. Edited and translated by Rouben Cholakian and Mary Skemp. Chicago: University of Chicago Press, 2008.

Dentiere, Marie. *Epistle to Marguerite de Navarre and Preface to a Sermon by John Calvin*. Edited and translated by Mary B. McKinley. Chicago: University of Chicago Press, 2004.

Flemming, D. Hay. "Alexander Seaton." *The Original Secession Magazine* 17. Edinburgh: James Gemmell, 1886: 73-80.

Foxe, John. *Acts and Monuments of the Church*... New York: Robert Carter & Brothers, 1856.

Giselbrecht, Rebecca A. "Myths and Reality about Heinrich Bullinger's Wife Anna." *Zwingliana* 38 (2011): 53-66.

Goff, Cecilie Heathcote-Drummond-Willoughby. *A Woman of the Tudor Age*. London: John Murray, 1930.

Good, James Isaac. *Famous Women of the Reformed Church*. N.p.: Sunday School Board of the Reformed Church in the United States, 1901.

Gunn, Steven. *Charles Brandon: Henry VIII's Closest Friend*. The Hill Stroud, Gloucestershire: Amberley, 2015.

Hausser, Ludwig. *The Period of the Reformation, 1517-1648*. Edited by Wilhelm Oncken. Translated by G. Strange. New York: American Tract Society, 1873.

Higgs, Laquita M. *Godliness and Governance in Tudor Colchester*. Ann Arbor: University of Michigan Press, 1998.

Hone, Richard B. *Lives of Eminent Christians*. Vol. 2. London: John W. Parker, 1850.

Ives, Eric. *The Life and Death of Anne Boleyn*. Oxford: Blackwell Publishing, Ltd., 2004.

Kroker, Ernst. *The Mother of the Reformation: The Amazing Life and Story of Katherine Luther*. Translated by Mark E. DeGarmeaux. St. Louis: Concordia, 2013.

Marsh-Caldwell, Anne. *The Protestant Reformation in France: or, History of the Huguenots*. 2 vols. London: Richard Bentley, 1847.

McCrie, Thomas. *History of the Progress and Suppression of the Reformation in Italy in the Sixteenth Century*. Philadelphia: Presbyterian Board of Education, 1842.

McKee, Alise Anne. *Katharina Schütz Zell*. 2 vols. Leiden: Brill, 1999.

Morata, Olympia. *The Complete Writings of an Italian Heretic*. Edited and translated by Holt N. Parker. Chicago: University of Chicago Press, 2003.

________. *Olympiae Fulviae Moratae Foeminae Doctissimae ac plane Divinae Orationes, Dialogi, Epistolae, Carmina, tam Latina quam Graeca*. Edited by Celio Secondo Curione. Basel: Perna, 1580.

Morley, Henry. *Clement Marot and Other Studies*. London: Chapman and Hall, 1871.

Ridley, Jasper. *Bloody Mary's Martyrs: The Story of England's Terror*. New York: Carroll & Graf Publishers, 2001.

Roelker, Nancy Lyman. *Queen of Navarre: Jeanne d'Albret, 1528-1572*. Cambridge, Mass.: Harvard University Press, 1968.

Rolt, Richard. *Lives of the Principle Reformers, Both Englishmen and Foreigners, Comprehending the General History of the Reformation...* London: Bakewell and Parker, 1759.

Thysell, Carol. *The Pleasure of Discernment: Marguerite de Navarre as Theologian*. Oxford: Oxford University Press, 2000.

Van der Linden, David. *Experiencing Exile: Huguenot Refugees in the Dutch Republic, 1680-1700*. Farnham, U.K.: Ashgate, 2015.

Zell, Katharina Schütz. *Church Mother: The Writings of a Protestant Reformer in Sixteenth-Century Germany*. Translated by Elsie McKee. Chicago: University of Chicago Press, 2006.

Zwingli, Ulrich. *The Latin Works and the Correspondence of Huldreich Zwingli Together with Selections from His German Works*. Vol. 1, 1510-1522. Edited by Samuel Macauley Jackson. New York: G. P. Putnam's Sons, 1912.

교회사의 영적 거성 시리즈 8

여성들의 종교개혁

지은이 | 레베카 밴두드워드
옮긴이 | 이제롬

펴낸곳 | 지평서원
펴낸이 | 박명규

편 집 | 정 은, 김희정, 김일용
마케팅 | 송하일

펴낸날 | 2020년 10월 31일 초판

서울 강남구 선릉로107길 15 지평빌딩 06144
☎ 538-9640,1 Fax. 538-9642
등 록 | 1978. 3. 22. 제 1-129

값 12,000원

ISBN 978-89-6497-079-9-94230
ISBN 978-89-86681-48-2(세트)

메일주소 jipyung@jpbook.kr
홈페이지 www.jpbook.kr
페이스북 www.facebook.com/jipyung
트 위 터 @_jipyung